Dr. Iris Pfeiffer | Ulf Glöckner | Manon Rani Sharma | Simone Kaiser

Unternehmen Hochschule
Die Zukunft der Hochschulen im Wettbewerb

D1732506

Prognos Studien Innovation

Prognos AG

www.prognos.com

Basel	**Berlin**	**Bremen**
Aeschenplatz 7	Karl-Liebknecht-Straße 29	Wilhelm-Herbst-Straße 5
CH-4010 Basel	D-10178 Berlin	D-28359 Bremen
Telefon +41 61 32 73-200	Telefon +49 30 52 00 59-200	Telefon +49 421 20 15-784
Telefax +41 61 32 73-300	Telefax +49 30 52 00 59-201	Telefax +49 421 20 15-789
info@prognos.com	info@prognos.com	info@prognos.com

Brüssel	**Düsseldorf**
Rue du Luxembourg 19–21	Schwanenmarkt 21
B–1000 Brüssel	D-40213 Düsseldorf
Telefon +32 25 13 22-27	Telefon +49 211 887-31 31
Telefax +32 25 02 77-03	Telefax +49 211 887-31 41
info@prognos.com	info@prognos.com

Geschäftsführer:
Christian Böllhoff

Verlagsgruppe Handelsblatt GmbH
karriere
Kasernenstraße 67
40213 Düsseldorf
karriere@vhb.de
www.karriere.de

Titelbild: © dpa – Fotoreport, Fotograf: Uwe Zucchi

Layout, Satz und Gesamtherstellung: www.a-vitamin.de
ISBN – 10: 3-9810016-2-1
ISBN – 13: 978-3-9810016-2-4
1. Auflage 2007

Inhaltsverzeichnis

Abbildungsverzeichnis

1. Einleitung und Hintergrund

Die deutschen Universitäten stehen derzeit vor vielfältigen Herausforderungen. Auf zahlreichen Wettbewerbsfeldern treten sie national und international in Konkurrenz um knappe und begehrte Ressourcen, seien es finanzielle Mittel, exzellente Forscher, erwartungsvolle Studierende oder nicht zuletzt die Reputation. Konkurrenz ist seit jeher im akademischen Betrieb eine Triebfeder für hervorragende Leistungen. Das Novum der aktuellen Situation ist jedoch, dass Universitäten nicht nur auf dem Feld der Forschung und der Lehre auf höchstem Niveau arbeiten müssen.

Um sich innerhalb dieses Wettbewerbs erfolgreich positionieren zu können sind Universitäten zukünftig herausgefordert, stärker unternehmerisch zu agieren. Das bedeutet nicht, dass Universitäten zu Unternehmen werden. Das Unternehmen Hochschule hat nicht das Ziel der Gewinnmaximierung. Auch stellt es keine exklusiven Produkte an die Meistbietenden zur Verfügung. Unternehmerisches Handeln in dem hier verwendeten Sinne meint, dass der sehr vielschichtigen Wettbewerbssituation nicht bürokratisch, sondern strategisch begegnet werden muss.

Im Rahmen der vorliegenden Studie konnten eine Reihe zentraler Wettbewerbsfelder identifiziert werden, auf denen sich Universitäten derzeit bewegen.

▸ Es findet ein Wettbewerb um finanzielle Mittel statt. In den meisten Bundesländern sind mittlerweile leistungsorientierte Budgetierungsverfahren implementiert. Teile der staatlichen Grundmittelzuweisungen beinhalten damit Wettbewerbskomponenten. Die Grundmittelsicherung durch die öffentliche Hand geht langfristig zurück bei gleichzeitig steigenden Erwartungen an die Universitäten. Diese sind also herausgefordert, jenseits der Grundmittel alternative Finanzierungsquellen zu erschließen. Universitäten treten somit in einen Wettbewerb um Drittmittel und private Finanzressourcen und somit um gute Ideen zu deren Gewinnung. Welche Intensität der Wettbewerb um gute Ideen annehmen kann, zeigt die erst jüngst entschiedene erste Runde der Exzellenzinitiative.

▸ Die Universitäten konkurrieren um die besten Wissenschaftler und Studierenden. Diese Gruppen sind zunehmend international mobil, was das Konkurrenzfeld deutlich vergrößert. Beide Gruppen haben hohe Erwartungen an die Angebote der Universitäten. Neben der Exzellenz in Forschung und Lehre werden flankierende Maßnahmen immer wichtiger, um sich als akademischer Bildungsdienstleister vor der Konkurrenz zu profilieren. Dienstleistungen und Serviceangebote sollen das Studium und die wissenschaftliche Arbeit erleichtern. Personalentwicklungsmaßnahmen sollen die akademische Karriere beschleunigen. Der Kontakt in die Praxis und die Planung der beruflichen Karriere sollen unterstützt werden. Gerade vor dem Hintergrund der zunehmenden Bedeutung von Studiengebühren geraten Universitäten mehr denn je in die „Kundenkontrolle" von international mobilen Studierenden.

▸ In der unüberschaubaren internationalen Hochschullandschaft müssen Universitäten mit einem klaren Profil sichtbar sein. Das bedeutet, dass sie zunächst ein entsprechendes Profil ausbilden und es dann verständlich kommunizieren müssen. Kundengruppen, Studierende, Wissenschaftler und Unternehmen müssen eine klare Vorstellung von dem haben, wofür die Universität steht. Die Nähe oder Attraktivität einer Region werden zukünftig nicht mehr die wichtigsten Entscheidungsgründe bei der Wahl der Ausbildungsstätte sein. Je nach Erwartungslage werden Studierende die für sie passende Universität auswählen. Und in die engere Wahl werden nur jene Universitäten geraten, die mit einem klaren Profil den Erwartungen entsprechen.

▸ Um diese Aufgaben zu erkennen, die richtigen Lösungen zu finden und diese voranzutreiben sind Universitäten auf fundierte, unternehmerische Strategien angewiesen. Es ist nicht mehr ausreichend, auf Basis minimaler Änderungsschritte den Betrieb aufrecht zu halten. Es muss eine klare Vorstellung von dem bestehen, wofür die Universität der Zukunft stehen will, um dem Wettbewerb mit einem abgestimmten Konzept zu begegnen. Alleine durch das bürokratische Verwalten von Personal und Studierenden sowie der Implementierung von Einzelmaßnahmen, und seien sie noch so innovativ, werden die deutschen Universitäten international nicht konkurrenzfähig sein. Und auch national werden sie nicht in der Lage sein „wieder kreativ, initiativ und resonanzstark die Gesellschaft der Zukunft mitzugestalten." (Müller-Böling, 2000).

Das Unternehmen Hochschule zeichnet sich also nicht durch eine radikale wirtschaftliche Ausrichtung aus. Die Universität der Zukunft wird nicht den universalen Auftrag zur Pflege und Entwicklung der Wissenschaft und Künste der Rendite opfern. Im Gegenteil: Das Unternehmen Hochschule versteht es, durch ein proaktives und strategisches Handeln diesem Auftrag überhaupt erst wieder gerecht zu werden. Auch dann, wenn die öffentliche Hand nicht mehr in der Lage ist, diesen in vollem Umfang zu finanzieren.

Mit der vorliegenden Studie wird erstmalig Maß angelegt an die so definierte unternehmerische Aufstellung der Universitäten in Deutschland. Das gewählte Benchmarkverfahren erlaubt es, einzelne Universitäten auf ihrem Weg zum Unternehmen Hochschule einzuordnen. Es kann abgelesen werden, wo man sich bereits erfolgreich im Wettbewerb positionieren konnte und wo es nach wie vor Entwicklungsmöglichkeiten gibt. Neben dieser rein quantitativen Einordnung konnten zahlreiche konkrete Ansätze zusammengetragen werden, mit denen deutsche Universitäten

▶ zukunftsgerechte Strategien entwickeln,
▶ alternative Finanzierungsquellen erschließen,
▶ neue Dienstleistungsangebote schaffen,
▶ aktives Marketing betreiben,
▶ sich international behaupten,
▶ herausragendes Personal gewinnen und fördern
▶ sowie die Qualität von Forschung, Lehre und Verwaltung sichern.

Für die zukünftige Entwicklung der Universitäten konnten viele Chancen ausgemacht werden. Erfolgreich sind vor allem jene, die mit Engagement und in eigener Initiative gute Ideen umsetzen. Das beinhaltet immer auch die konstruktive Zusammenarbeit mit den Hochschulträgern. Dennoch wurde auch erheblicher Entwicklungsbedarf identifiziert. Viele Universitäten stehen bei ihrer strategischen Weiterentwicklung noch am Anfang. Hier müssen die richtigen, für jede Hochschule spezifisch entwickelten Wege gefunden und eingeschlagen werden. Potenziale dazu sind in ausreichendem Umfang vorhanden.

2. Methode und Vorgehen

Rund um das Thema Hochschulen sind eine Reihe quantitativer Informationen zugänglich, die für eine Studie wie die vorliegende nützlich erscheinen. Die amtliche Statistik liefert etwa mit ihren Hochschulstatistischen Kennzahlen seit Beginn der 90er Jahre ein breites Datenangebot, um vor allem globale Entwicklungen im Hochschulbereich zu analysieren. Diese nichtmonetären sowie finanzstatistischen Kennzahlen des Statistischen Bundesamts umfassen

- Personalausgaben
- übrige laufende Ausgaben
- Verwaltungseinnahmen (insgesamt und je Professorenstelle)
- Drittmittel (insgesamt und je Professorenstelle)
- laufende Grundmittel (insgesamt und je Normstudent, je Studierenden, je Absolvent und je Professorenstelle)
- Studierende
- Absolventen
- Professorenstellen.

Diese Informationen alleine reichen nicht aus, um einen fokussierten Blick auf die strategische Ausrichtung zu erlauben oder die wettbewerbsmäßige Aufstellung einzelner Hochschulen nachzuzeichnen. Zur Charakterisierung der Wettbewerbsstrategie einer Hochschule fehlt es diesen Informationen an der nötigen Detailtiefe.

Empirische Grundlage

Neben der flankierenden Nutzung öffentlicher Statistiken zum Thema sowie der Aufbereitung der aktuellen Forschungsliteratur stützt sich die vorliegende Untersuchung daher auf drei empirische Zugänge zum Themenfeld Hochschulen im Wettbewerb:

- Eine schriftliche Befragung aller Universitäten in Deutschland. Von 99 angeschriebenen Hochschulen haben 35 geantwortet, was einer durchschnittlichen Rücklaufquote für Befragungen von Hochschulen entspricht. Mit Hilfe eines standardisierten Fragebogens wurden die Hochschulen zu ihren Angeboten bzw. Aktivitäten innerhalb der identifizierten Wettbewerbsfelder befragt. Diese quantitative Befragung bildet sowohl die Grundlage für die generellen Zustandsbeschreibungen von Hochschulen im Wettbewerb sowie für das Benchmarkverfahren dieser Studie.

▶ Eine Online-Standardbefragung unter Studierenden an deutschen Hochschulen. In diese quantitative Befragung gingen die Antworten von 1007 Studierenden ein. Die Befragung ist repräsentativ für die Studierenden in Deutschland. Innerhalb dieser Befragung wurden die Studierenden nach unterschiedlichen Aspekten befragt, die sie als „Kunden" der Universitäten ansprechen, wie

- ▶ die Zufriedenheit mit den inhaltlichen Angeboten der Universität,
- ▶ die Zufriedenheit mit den Dienstleistungsangeboten,
- ▶ die Kriterien zur Auswahl der Universität
- ▶ die Bedeutung von Reputation und Internationalität,
- ▶ die Einschätzungen und Erwartungen zum Thema Studiengebühren.

Somit ist auf einer allgemeinen Ebene die Gegenüberstellung von Angebot der Hochschulen und Nachfrage der Studierenden sowie der Zufriedenheit mit diesen Angeboten möglich.

▶ Zusätzlich zu diesen quantitativen Informationsgrundlagen wurden im Rahmen dieser Studie über 40 Fach- und Expertengespräche mit relevanten Vertretern aus den Universitäten sowie aus der Hochschulforschung geführt.[1] In diesen Gesprächen konnten einerseits die Befragungsbefunde diskutiert und erhärtet werden. Andererseits konnten in den Fallstudiengesprächen mit den Hochschulvertretern gute Beispiele im Sinne von Best Practice für die vorliegende Studie zusammengetragen werden.

Die so gesammelten Informationen ermöglichen zweierlei Sichtweisen auf das Thema. Zum einen ist es durch alle drei empirischen Zugänge möglich, die Ausgangslage und den gegenwärtigen Status-quo von Hochschulen im Wettbewerb aus der Perspektive der Hochschulen, der Studenten und der Experten nachzuzeichnen. Zum anderen erlaubt das Benchmarking auf der Grundlage der Hochschulbefragung einen Überblick, welche der befragten Universitäten auf dem Weg zum Unternehmen Hochschule bereits fortschrittlich agieren und welche noch Entwicklungspotenziale zeigen.

---

1 Eine Aufstellung der Gesprächspartner findet sich im Anhang.

13

Methode des Benchmarking

Innerhalb des Benchmarkverfahrens werden die befragten Universitäten mit einem ideal-typischen Sollmodell des Unternehmen Hochschule verglichen. Dieses Sollmodell ist zu verstehen als eine Universität, welche die Transformation von der traditionellen, rein staatlich finanzierten Lehr- und Forschungswerkstatt hin zum international orientierten und finanziell weitgehend autonomen akademischen Bildungsdienstleister bereits abgeschlossen hat. Die Rahmen- und Eckdaten dieser zukünftigen Universität wurden in den Fach- und Expertengesprächen aufgenommen und dort diskutiert. Sie stellen sowohl die Ziele von Hochschulleitungen als auch die realistischen Einschätzungen der Hochschulforschung dar.

Diese Vorstellungen wurden innerhalb des Fragebogens mehrheitlich in jeweils einzelne Items operationalisiert, welche das Vorhandensein oder das Fehlen bestimmter Einrichtungen, Angebote, Praktiken und Vorgehensweisen aber auch Vorstellungen, Zielsetzungen und Strategien abfragen. Daneben wurden zu jedem der Bereiche zahlenmäßige Stammdaten zur quantitativen Einordnung erfragt (bspw. Studierendenzahl, Fundraisingerträge oder Sachmittel für das Marketing).

Die so gesammelten Informationen wurden, separat für jedes identifizierte Wettbewerbsfeld, in einem summativen Verfahren zu einem jeweiligen Benchmarkindex addiert. Absolute zahlenmäßige Angaben wurden i.d.R. kategorisiert und in die Berechnung der Benchmarkindizes einbezogen. Diese Indizes wurden schließlich zu Prozentwerten verdichtet. Damit wird sichtbar, wie weit jede der befragten Universitäten auf dem Weg zum Unternehmen Hochschule fortgeschritten ist. Das Unternehmen Hochschule wird dabei jeweils durch die absolut zu erreichenden 100 % repräsentiert.

Abbildung 1: Methode des Benchmarking

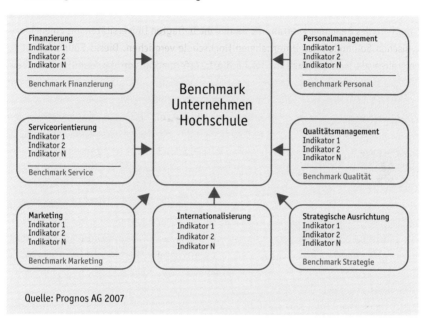

Quelle: Prognos AG 2007

Neben den Benchmarks der einzelnen „Unternehmensbereiche" (Finanzen, Personal, Marketing etc.) wurde ein Gesamtbenchmark für die unternehmerische Ausrichtung erstellt. Hier wurden die einzelnen Indizes zu einem Gesamtindex summiert und wiederum zu Prozentwerten verdichtet. Das Gesamtbenchmark stellt somit einen ungewichteten Durchschnitt aller vormals errechneten Benchmarks der verschiedenen „Unternehmensbereiche" dar.

3. Gesetzliche Rahmenbedingungen

3.1 Autonomie der Hochschulen

Um Wettbewerb und Profilbildung zu fördern, bedarf es eines Mehr an Autonomie für die Hochschulen – denn damit gewinnen sie Handlungsspielräume und Bewegungsfreiheit, um sich in Abgrenzung zu anderen Hochschulen eine eigene Identität zu geben und zu positionieren. Dieser Notwendigkeit zu einer verstärkten Differenzierung und Profilierung der Hochschulen wurde mit der 4. Novellierung des Hochschulrahmengesetzes 1998 Rechnung getragen. Die inneren und äußeren Organisations- und Verwaltungsstrukturen der Hochschulen wurden freigegeben und der Vorrang einer leistungsorientierten Mittelvergabe betont.

Damit wurde es erstmals möglich, innerhalb der einzelnen Landeshochschulgesetze unterschiedliche Leitungsstrukturen zu etablieren und dadurch einen Wettbewerb um Best-Practice-Modelle in Organisation und Verwaltung unter den Hochschulen zu forcieren. Über die Neubetonung einer leistungsorientierten Mittelvergabe wurde zusätzlich die Möglichkeit zur vertikalen Differenzierung innerhalb des Hochschulsystems gestärkt und damit eine Anreizstruktur für die höhere Wettbewerbsorientierung unter den Hochschulen explizit legitimiert.

Wenn auch unterschiedlich schnell und in unterschiedlicher Form, so haben inzwischen alle Landesregierungen die neu geschaffenen Autonomiespielräume aufgegriffen und an die Hochschulen weitergegeben. Dabei sind durchaus unterschiedliche Entwicklungspfade innerhalb der einzelnen Bundesländer erkennbar.

Innerhalb der Untersuchung wurde deutlich, dass adäquate rechtliche Rahmenbedingungen für eine unternehmerische Aufstellung und Profilbildung unerlässlich sind, dieser Prozess jedoch nicht linear verlaufen muss. Entscheidend ist vielmehr auch der Bewusstseinswandel an der jeweiligen Hochschule und vor allem innerhalb der Hochschulleitung selbst. Deregulierungen bleiben wirkungslos, wenn die Hochschulleitung die neu gewonnenen Spielräume nicht aktiv gestaltet. Umgekehrt kann die Hochschulleitung über eine deutliche Positionierung innerhalb universitätsinterner sowie landespolitischer Auseinandersetzungen entsprechende Reformvorhaben entscheidend beeinflussen, beschleunigen oder sogar vorwegnehmen.

Gesetz zur organisatorischen Fortentwicklung der TU Darmstadt

Mit dem am 1.1.2005 in Kraft getretenen Gesetz wird die Autonomie der TU Darmstadt in zentralen Handlungsfeldern erheblich gestärkt. Zwar bleibt die Universität eine staatliche Einrichtung, dennoch gibt die Landesregierung einen erheblichen Teil ihrer Rechte und Entscheidungen an die Universität ab, mit dem Ziel, die Eigenverantwortung der TU Darmstadt zu stärken.

Durch den Modellversuch wird die Flexibilität und strategische Steuerung der Hochschule entscheidend erhöht. Die TU Darmstadt kann von den organisatorischen Vorgaben innerhalb des Hessischen Landeshochschulgesetzes abweichen, verbindlich vorgeschriebenes Strukturelement ist allein der Hochschulrat als externes Aufsichtsratsgremium. Darüber hinaus wurden an der TU Darmstadt neue Entscheidungsstrukturen etabliert: Die Hochschulleitung verantwortet nicht nur Grundstücks- und Bauangelegenheiten, sondern vor allem auch Berufungsverfahren vollständig selbst. Jedoch bleibt das Hessische Wirtschaftsministerium als Oberste Dienstbehörde bestehen. Auch die Einrichtung und Aufgabe von Studiengängen sowie die Genehmigung von Studienordnungen liegen vollständig im Verantwortungsbereich des Präsidiums der TU Darmstadt. Die Steuerung der Hochschulleitung durch das Land Hessen findet nur noch im Rahmen von Zielvereinbarungen statt.

Dabei ist dieses Gesetz auch deswegen bemerkenswert, weil es außerhalb und zusätzlich zum bestehenden Hessischen Hochschulgesetz einen Sonderstatus für die TU Darmstadt schafft. Die Ausweitung der Handlungsmöglichkeiten für die Universität wurde vor allem aufgrund der Bemühungen der Hochschulleitung der Universität Darmstadt erreicht. Rechtliche Rahmenbedingungen gingen hier der unternehmerischen Aufstellung und dem Bewusstseinswandel an der Hochschule nicht voraus, sondern umgekehrt sind erst durch einen offensiv vertretenen und eingeforderten Gestaltungsanspruch der Hochschule auch die notwendigen rechtlichen Freiräume geschaffen worden.

Die Landeshochschulgesetzgebung wurde vor allem in den letzten zwei Jahren immer weiter liberalisiert; Deregulierungen der jeweiligen Rahmenbedingungen wurden immer konsequenter vorgenommen. Den Auftakt zu dieser qualitativ neuen Form von Reformen der Landeshochschulgesetze machte dabei Niedersachsen im Jahr 2002. Erstmals wurde für staatliche Hochschulen die Möglichkeit geschaffen, als Stiftungshochschule rechtlich selbstständig zu agieren. Auch die Reformen in Baden-Württemberg und Bayern sind vor diesem Hintergrund zu betrachten. Besonders bemerkenswert ist dabei auch der Thüringische Gesetzesentwurf, da Thüringen als erstes ostdeutsches Bundesland die aktuellen hochschulpolitischen Entwicklungen konsequent aufgreift und umsetzt.

Stiftungsmodell Niedersachsen

Der formal größte Autonomiegewinn ist in der Bundesrepublik bisher über das niedersächsische Stiftungsmodell erreicht worden. Die Hochschule agiert als Stiftungshochschule rechtlich selbstständig. Dies bedeutet, dass die Trägerstiftung nicht nur Eigentümerin der von ihr genutzten Immobilien und Einrichtungen ist und die Bauherreneigenschaft besitzt, sondern darüber hinaus auch über das volle Berufungsrecht und die Dienstherrenfähigkeit verfügt.

Die Steuerung der Hochschulen durch die Landesregierung findet ergebnisorientiert über Zielvereinbarungen und eine leistungsorientierte Mittelvergabe statt, die operationelle Verantwortung ist vollständig an die Stiftung abgegeben. Um die Steuerungsfähigkeit der Hochschulen zu erhöhen, wurden darüber hinaus die zentralen Leitungsorgane zuungunsten der Gremien akademischer Selbstverwaltung gestärkt und der Stiftungsrat als Aufsichtsratsorgan eingeführt.

Dennoch bleibt diese Autonomie auf absehbare Zeit eine formale: Staatliche Finanzzuweisungen bleiben aufgrund des fehlenden Stiftungskapitals in ausreichender Höhe auf absehbare Zeit die Hauptfinanzierungsquellen der Stiftungshochschulen.

3.2 Reformen der Landeshochschulgesetze

Vor dem Hintergrund dieser allgemeinen Entwicklungen zeichnen sich zentrale Reformschwerpunkte innerhalb der Landeshochschulgesetze ab, die in fast allen Gesetzesnovellen aufgegriffen worden sind.

Die freigegebene Organisations- und Verwaltungsstruktur führt bundesländerübergreifend zur Stärkung der Hochschulleitung gegenüber den Gremien der akademischen Selbstverwaltung. Mit der Einführung von externen Kontrollgremien (sog. Hochschulräten) werden Leitungs- und Entscheidungsstrukturen etabliert, die sich stärker an unternehmerischen Vorbildern orientieren, denn an Modellen der akademischen Selbstverwaltung. Dazu gehört auch die Ablösung von Rektoratskollegien durch Präsidialstrukturen. Eine zentrale strategische Steuerung der Hochschulen – unabdingbare Voraussetzung für eine konsequente Profilierung – wird so ermöglicht.

Auch die Möglichkeiten zur leistungsorientierten Mittelvergabe wurden inzwischen von allen Bundesländern aufgegriffen und umgesetzt. Fast alle Bundesländer habe dieses Anreizsystem auch direkt in den Landesgesetzen niedergelegt. Lediglich Berlin, Hessen, Sachsen und Sachsen-Anhalt haben diese Form der Mittelvergabe nur in Zielvereinbarungen mit den Hochschulen festgeschrieben.

Abbildung 2: Rechtliche Rahmenbedingungen in zentralen Reformbereichen

	Leitungsstrukturen: Aufsichtsratsgremium mit Externen besetzt	Steuerungsinstrument Leistungsorientierte Mittelvergabe	Finanzautonomie/ Globalhaushalt	Autonomie bei Berufungen
Baden-Württemberg	✓	✓	✓	nicht vollst.
Bayern	✓	✓	Modellprojekt	nicht vollst.
Berlin		Gegenstand HS-Verträge	allg. Deckungsfähigkeit	
Brandenburg		✓	✓	
Bremen		✓	✓	
Hamburg	✓	✓	✓	✓
Hessen	✓	Gegenstand der ZV	✓	nicht vollst.
Mecklenburg-Vorpommern	✓	✓	✓	
Niedersachsen	✓	✓	✓	in Stiftungshochsch. ✓
Nordrhein-Westfalen	✓	✓	✓	✓
Rheinland-Pfalz	✓	✓	allg. Deckungsfähigkeit Modellprojekt Global-HH	
Saarland	✓	✓	✓	✓
Sachsen		Modellprojekt	Modellprojekt	
Sachsen-Anhalt		Gegenstand der ZV	✓	
Schleswig-Holstein	im neuen Entwurf ✓	✓	✓	im neuen Entwurf ✓
Thüringen	im neuen Entwurf ✓	✓	allg. Deckungsfähigkeit	im neuen Entwurf ✓

Quelle: Prognos AG 2007

Um die Autonomie der Hochschulen zu steigern, sind Globalhaushalte eine notwendige Ergänzung zur leistungsorientierten Mittelvergabe. Nur in diesem Fall können neu gewonnene Spielräume durch die Leistungsorientierung ausgeschöpft werden. Auch hier haben inzwischen alle Bundesländer reagiert. Berlin, Rheinland-Pfalz, Sachsen und Thüringen haben eine weitreichende autonome Verwaltung der staatlichen Finanzzuweisungen innerhalb der klassischen Kameralistik über eine weitgehende Deckungsfähigkeit der einzelnen Zuweisungstitel erreicht.

Einschränkend muss hinzugefügt werden, dass trotz dieser positiven Ansätze zur Globalisierung der Mittelzuweisung und ihrer leistungsabhängigen Gestaltung, die Hochschulen dennoch nur einen kleinen Teil ihres Budgets autonom verwalten können. Nach wie vor sind zentrale Teile des Budgets gebunden und damit einer leistungsorientierten Bewirtschaftung weitgehend entzogen. Dazu gehören vor allem Personalkosten, die in der Regel ca. 80 % des Gesamtbudgets der Hochschulen binden. Oft werden Sach- und Personalbudgets auch getrennt zugewiesen, ohne die Möglichkeit der Übertragbarkeit.

Für die strategische Positionierung einer Hochschule entscheidend, ist ein schnelles und autonom zu gestaltendes Berufungsverfahren. Um im internationalen Wettbewerb um die besten Köpfe mithalten zu können, ist die Ausweitung von Handlungsspielräumen für die Hochschulleitung und eine Flexibilisierung des Verfahrens entscheidend. Auch hier sind bereits entscheidende Autonomiespielräume für die Hochschulen entstanden; in fast allen Bundesländern hat der Einfluss der Landesregierungen innerhalb der Berufungsverfahren abgenommen. So könnten fast alle Hochschulen Professoren als Angestellte berufen. Auch ist in den jüngeren Gesetzen eine Tendenz zu erkennen, wonach die jeweiligen Ministerien die Letztend-Entscheidung in Berufungsverfahren auf die Hochschulleitung übertragen. Die Dienstherreneigenschaft für Hochschulleitung und Professoren verbleibt jedoch in der Regel beim Land. Nur im Rahmen der Stiftungsuniversitäten sowie im inzwischen beschlossenen Hochschulfreiheitsgesetz in NRW gibt das Land auch hier Kompetenzen an die Universität ab.

Hochschulfreiheitsgesetz in Nordrhein-Westfalen

↘ Das jüngst beschlossene „Hochschulfreiheitsgesetz" in Nordrhein-Westfalen geht über die gängigen Reformen und Deregulierungen in anderen Bundesländern hinaus. Auch ohne Hochschulen in Stiftungen umzuwandeln, wird die staatliche Fachaufsicht weitestgehend aufgegeben. Das bedeutet nicht nur, dass die staatliche Detailsteuerung durch Zielvereinbarungen ersetzt wird, sondern führt im Ergebnis zu einer weitgehenden Autonomie der Hochschulen in Finanz-, Personal- und Organisationsentscheidungen, vergleichbar mit der Autonomie der Stiftungshochschulen. Damit entsteht in Nordrhein-Westfalen, verstärkt noch durch die Eigenverantwortlichkeit der Hochschulen in Bezug auf die Einführung von Studiengebühren, ein Landeshochschulgesetz mit Modellcharakter. Es etabliert einen Grad an Autonomie, der den Hochschulen in Nordrhein-Westfalen eine einzigartige Ausgangsposition innerhalb der bundesdeutschen Hochschullandschaft verschafft.

3.3 Studiengebühren

Die Bedeutung von Studiengebühren für die Wettbewerbsfähigkeit von Hochschulen hat sich auf Ebene vieler Landesregierungen noch nicht durchgesetzt. Dabei könnte die Einführung von Studiengebühren – vorausgesetzt sie stehen zu einem großen Teil den Hochschulen selbst zur Verfügung – die Autonomiespielräume von Hochschulen und damit die Möglichkeiten zur Profilbildung und unternehmerischen Orientierung deutlich erhöhen. Nur sieben Bundesländer haben Studiengebühren bereits verbindlich festgelegt. Auch unterscheiden sich die einzelnen Regelungen erheblich hinsichtlich des Autonomiespielraums der Hochschulen bei Einführung und Höhe der Studiengebühren. Am meisten Autonomie räumt Nordrhein-Westfalen den Hochschulen ein. Hier entscheiden die Hochschulen eigenständig sowohl über die Einführung als auch über die Höhe der Studiengebühren bis zu einer Obergrenze von 500 Euro.

Abbildung 3: Übersicht über die Einführung von allgemeinen Studiengebühren in den einzelnen Bundesländern

	Einführung allg. Studiengebühren	Höhe	Autonomie der HS bei Einführung
Baden-Württemberg	ab SoSe 07	500 Euro	
Bayern	ab SoSe 07	300–500 Euro	Höhe
Berlin	keine		
Brandenburg	keine		
Bremen	keine		
Hamburg	ab SoSe 07	500 Euro	
Hessen	ab WiSe 07	500 Euro	
Mecklenburg-Vorpom.	keine		
Niedersachsen	ab WiSe 06	500 Euro	
Nordrhein-Westfalen	ab WiSe 06	0–500 Euro	Höhe und Einführung
Rheinlandpfalz	keine		
Saarland	ab WiSe 07	300–500 Euro je nach Sem.	
Sachsen	keine		
Sachen-Anhalt	keine		
Schleswig-Holstein	keine		
Thüringen	keine		

Quelle: Prognos AG 2007

Analog zur Entwicklung innerhalb der Landeshochschulgesetze fällt auf, dass auch im Regelungsbereich Studiengebühren die neuen Bundesländer den Entwicklungen der alten Bundesländer nicht folgen. Zwar wird über die Einführung allgemeiner Studiengebühren diskutiert, allerdings sind die Überlegungen hierzu in den meisten Fällen – mit Ausnahme von Thüringen und Sachsen – noch unkonkret. Selbst in Thüringen und Sachen, den beiden ostdeutschen Bundesländern mit den konkretesten Plänen, ist es höchst unwahrscheinlich, dass vor 2010 Studiengebühren eingeführt werden. Jedoch ist die besondere

Situation der ostdeutschen Bundesländer zu beachten. Im Gegensatz zu westdeutschen Universitäten haben die Universitäten in den neuen Bundesländern vor allem mit Überkapazitäten zu kämpfen. Die Einführung von Studiengebühren könnte dieses Problem unter Umständen noch verschärfen. Noch ist nicht absehbar, wie sich der Verzicht auf Studiengebühren mittelfristig auf die Positionierung ostdeutscher Hochschulen auswirken wird.

Wie sich die Einführung von Studiengebühren auf das Studierverhalten und die finanzielle Ausstattung der Hochschulen in den jeweiligen Bundesländern auswirkt, ist derzeit noch nicht zu beurteilen. Hier müssen diejenigen Bundesländer, die bereits Studiengebühren eingeführt haben bzw. in nächster Zeit einführen werden, noch den Beweis antreten, dass diese als zusätzliche Mittel tatsächlich der Hochschule zur eigenen Bewirtschaftung zur Verfügung gestellt werden. Nur in diesem Fall können sie für die Profilbildung und strategische Positionierung der Hochschule genutzt werden.

3.4 Fazit

Bezogen auf die unternehmerische Orientierung der Hochschulen und den dazu notwendigen Autonomiespielraum, kann zusammenfassend festgehalten werden, dass in allen Bundesländern seit der Novelle des Hochschulrahmengesetzes entscheidende Autonomiegewinne für die Hochschulen erreicht worden sind. Der Trend hin zu mehr Autonomie und damit auch zu mehr Spielräumen für eine unternehmerische Aufstellung und Differenzierung der Hochschulen untereinander, ist deutlich erkennbar. Dies wird innerhalb des zunehmenden Wettbewerbs der Hochschulen entscheidend sein. Hier ist vor allem auch die Politik in der Pflicht.

Dies bedeutet jedoch nicht, dass die Autonomiespielräume nicht weiter ausbaufähig und auch ausbaubedürftig sind. Dies gilt besonders vor dem Hintergrund, dass es zwischen den einzelnen Bundesländern nach wie vor deutliche Unterschiede hinsichtlich der eingeräumten Handlungsspielräume und zugemuteten Eigenverantwortung gibt. Einige Bundesländer haben die Zeichen der Zeit aufgenommen und verstanden, andere verhalten sich weiterhin abwartend. Damit laufen sie Gefahr, für die Wettbewerbsfähigkeit der Hochschulen entscheidende Entwicklungen zu verpassen.

Dennoch zeigt die vorliegende Untersuchung, dass politische Rahmensetzungen zwar notwendig und wichtig, aber nicht hinreichend sind. Die politische Rahmensetzung geht der unternehmerischen Orientierung von Hochschulen nicht zwangsläufig voraus – auch wenn sie ohne sie nicht denkbar ist – sondern ist besonders effektiv, wenn sie gleichzeitig und gleichgerichtet mit einem Bewusstseinswandel innerhalb der Universität verläuft. So kann die Hochschule auf der einen Seite politische Entwicklungen vorwegnehmen und gleichzeitig den Leistungswettbewerb und die Profilbildung der Hochschulen innerhalb eines Bundeslandes forcieren.

4. Unternehmen Hochschule: Ansätze der Hochschulen zur Neuaufstellung

Mit der Novellierung der Hochschulrahmengesetzgebung 1998 wurde für die bundesdeutschen Hochschulen ein Modernisierungsprozess in Gang gesetzt, der zu mehr Autonomie für die Hochschulen führt. Der Handlungsspielraum für Hochschulen wurde seither in zentralen Bereichen erheblich erweitert und damit zugleich ein verstärkter Wettbewerb der Hochschulen untereinander möglich und notwendig gemacht.

Vor dem Hintergrund der veränderten Rahmenbedingungen können nur diejenigen Hochschulen international und national wettbewerbsfähig sein, die ihre Organisationsstrukturen und -prozesse in den entscheidenden Bereichen den stärker marktlich gestalteten gesellschaftlichen Anforderungen anpassen.

Die Exzellenzinitiative hat gezeigt, dass die Hochschulen interessante Ansätze bereithalten. In der dritten Förderlinie ausgezeichnet wurde beispielsweise die Intensivierung der Zusammenarbeit mit außeruniversitären Forschungseinrichtungen im Rahmen des Karlsruher Institute of Technology (KIT) oder das Konzept der Unternehmerischen Hochschule der TU München. Auch bzw. gerade diejenigen Hochschulen, die keine zusätzlichen Mittel im Rahmen der Exzellenzinitiative erhalten haben, sind jetzt aufgefordert, ihre Position durch die Professionalisierung ihres Managements und durch die Entwicklung innovativer Konzepte zu stärken. Eine klare strategische Ausrichtung ist dafür Grundvoraussetzung.

Strategiebildung erforderlich

Hochschulen der Zukunft sind profilorientierte Hochschulen. Die erweiterte Autonomie stellt die Hochschulen vor die Aufgabe, eine Strategie zu entwickeln, mit der sie auf den Gebieten der Lehre, der Forschung und der Zusammenarbeit mit Dritten in der Öffentlichkeit überzeugen.

Strategiebildung erfordert es, eigene Akzente zu setzen und ein Profil zu entwickeln, Schwächen zu erkennen und Stärken zu profilieren. Jede Hochschule muss sich überlegen, welchen Bereich sie stärken will und welche Aufgaben sie anderen überlässt. Entsprechend ihrer Strategie- und Profilbildung hält sie ein besonderes Leistungsportfolio wie bspw. die ausgeprägte Nähe zur Wirtschaft oder ausgewiesene Exzellenz in der Forschung bereit.

Internationalisierung

Die Internationalisierung des Bildungs- und Hochschulwesens ist ein entscheidender Faktor, der die strategische Aufstellung der Hochschulen zurzeit bestimmt. So prägt die Einführung der Bachelor- und Masterstudiengänge die interne Organisation. Gleichzeitig eröffnet der Markt für kostenpflichtige Masterstudiengänge interessante finanzielle Perspektiven im In- und Ausland. Der entscheidende Wettbewerb der Hochschulen untereinander um die besten Forscher und zahlungskräftige Studenten findet längst auf internationaler Ebene statt.

Diese Herausforderung anzunehmen und sich mit eigenen Strategien im Wettbewerb zu behaupten ist ein wesentliches Merkmal unternehmerisch denkender Hochschulen.

Neue Wege der Finanzierung

Die Leistungs- und Handlungsfähigkeit der einzelnen Hochschule hängt entscheidend von der Generierung neuer finanzieller Spielräume ab. Ersten Ansatzpunkt bieten Effizienzsteigerungen durch ökonomisch sinnvolle Bewirtschaftung der Hochschulen. Gleichwohl können die steigenden Ausgaben der Hochschulen zu immer höheren Anteilen nur durch die Einwerbung zusätzlicher Mittel gedeckt werden.

Die Vermarktung von (Forschungs-)Dienstleistungen und Produkten durch die Hochschule rückt in das Zentrum der Hochschulaktivitäten. Der Ausbau von Kooperationen mit privaten Akteuren etwa zur Etablierung von Stiftungslehrstühlen oder zur Finanzierung von Bauvorhaben stellen weitere Einnahmequellen dar, die schon heute bis zu 10 % des Gesamtbudgets ausmachen können.

Koordiniertes Marketing

Bislang fehlt vielen Hochschulen eine corporate identity. Ein gezielter bottom-up-Prozess ermöglicht es, das Selbstverständnis aller Akteure zu erfassen und ein Hochschulprofil zu gestalten, das eine gemeinsame Identität reflektiert.

Eine konsistente Darstellung der Hochschule nach außen und innen greift die vielfältigen Aktivitäten einzelner Fachbereiche auf und gewährleistet gleichzeitig eine einheitliche Präsentation der Hochschule.

Die Umsetzung der Marketingaktivitäten der Hochschulen folgt dem Profil in Forschung und Lehre und hat die aktive Vermarktung von Produkten und Dienstleistungen der Hochschule – bspw. Weiterbildung und Forschungsleistungen – zum Ziel.

Professionelles Personalmanagement

Strategisches Personalmanagement ist Kernbestandteil jeder erfolgreichen Positionierungsstrategie. Die Reputation und Leistungsfähigkeit einer Hochschule wird maßgeblich davon beeinflusst, wie gut es gelingt, exzellentes Personal zu gewinnen und an die Hochschule zu binden.

Wichtigster Baustein ist die Autonomie der Hochschule in Berufungsverfahren und Besoldungsverhandlungen. Durch den Einbezug externer fachübergreifender Expertise und die Einführung wettbewerbsorientierter Gehalts- und Anreizsysteme wird die Personalauswahl professionalisiert. Zielgerichtete Personalentwicklung z. B. durch die Vermittlung von Managementkompetenzen kann die Qualität der Prozesse zusätzlich erhöhen.

Qualitätsmanagement

Die zunehmende Autonomie der Hochschulen erfordert neue Verfahren zur Sicherung von Qualität. Die bisherige staatliche Detailsteuerung wird ersetzt durch eine verstärkte Outputsteuerung. Diese wird sinnvollerweise vor allem über Zielvereinbarungen zwischen den Ebenen (Land, Hochschulleitung, Fachbereich, Lehrstuhl) gestaltet. Ein umfassendes Qualitätsmanagement geht aber über die Einführung von Zielvereinbarungen hinaus: Bisherige Ansätze zur Qualitätssicherung in Forschung und Lehre werden systematisch für die gesamte Hochschule inkl. der Verwaltung eingeführt und mit anerkannten Instrumenten umgesetzt. Dabei gilt es, einen externen Blick (Wissenschaftler, externe Experten) auf die Leistungen der Hochschule ebenso zuzulassen, wie die interne Bewertung durch Kunden (Studierende und Mitarbeiter). Auch die zielgerichtete Auswahl von Studierenden und Mitarbeitern ist wesentliches Instrument, um die Qualität von Forschung und Lehre zu sichern.

Serviceorientierung für mehr Kundenzufriedenheit

Leistungen, die über die zentralen Aufgaben der Hochschulen (Forschung und Lehre) hinausgehen, gewinnen zunehmend an Bedeutung. Das vorhandene Angebot einer Hochschule wird umfassend ausgeweitet: So zeigt sich die Hochschule nicht nur verantwortlich für die Ausbildung ihrer Studierenden, sondern bietet auch im weiteren Verlauf der Erwerbsbiografie Unterstützung für den Übergang in den Arbeitsmarkt bspw. durch die Dienstleistungen eines Career Centers.

Neben der Ausweitung des Angebots ist die Serviceorientierung entscheidend. Mit dem Ziel der Kundenzufriedenheit streben Hochschulen eine qualitative Verbesserung ihrer bestehenden Leistungen (Beispiel: die „24-h-Bibliothek") an.

Hochschulen am Zug

In der vorliegenden Studie werden Konzepte vorgestellt, mit denen Hochschulen sich im Wettbewerb behaupten wollen. Unterschiedliche Aktivitäten wie bspw. die Gründung einer Außenstelle im Ausland (FU Berlin) oder die umfassende Profil- und Strategiebildung an der Universität Mannheim zeigen, dass die Hochschulen die Zeichen der Zeit erkannt haben.

Zukünftig gilt es, diese Ansätze auf einen breiteren Kreis der Hochschulen auszuweiten. Hochschulen brauchen unternehmerische Denk- und Handlungsansätze, um sich im Wettbewerb mit anderen erfolgreich zu positionieren.

5. Strategie

Hochschulen sind Institutionen mit langer Tradition. Personelle Strukturen, Formen der Organisation, die Verantwortungszuweisung an Gremien und interne Abläufe sind in der Mehrzahl über einen langen Zeitraum gewachsen und haben sich entsprechend verfestigt. Die neu entstehenden Wettbewerbsbedingungen in einem zunehmend internationalen Umfeld für Hochschulen erfordern die kritische Auseinandersetzung mit den traditionellen Strukturen und möglichen Anpassungen der Organisation.

Zugleich fordert auch die Politik immer stärker von den Hochschulen, Schwerpunkte zu entwickeln und sich mit einem klaren Profil in der Öffentlichkeit zu präsentieren. Dies ist im Rahmen der Exzellenzinitiative erstmals Voraussetzung für die Vergabe von Finanzmitteln geworden. Die knapper werdenden Mittel zwingen die Hochschulen außerdem dazu, ihre Profile aufeinander abzustimmen und Mehrfachangebote zu reduzieren. Immer wiederkehrende Debatten um die Schließung und Zusammenlegung von Fachbereichen und Fächern an den Hochschulen eines Landes basieren jedoch nur selten auf zielgerichteten strategischen Überlegungen der Hochschulen, sondern auf politischen Entscheidungen, deren Nachhaltigkeit nur bis zur nächsten Wahl andauert. Hier stehen die Hochschulen mehr denn je in der Verantwortung, eine eigene Strategie zu entwickeln.

Instrumente zur Einschätzung der eigenen Wettbewerbsposition sind zentrale Elemente einer unternehmerisch agierenden Hochschule. Sie sind Grundlage der Profilbildung und sollen Modernisierungs- und Verbesserungsprozesse initiieren. Eine besonders wichtige Rolle spielen dabei Benchmarkverfahren. Über den direkten Vergleich mit anderen wird eine realistische Einschätzung der eigenen Wettbewerbssituation möglich. Sie leisten damit einen wichtigen Beitrag für die strategische Ausrichtung der Hochschulen.

Dieser Strategiebildungsprozess hat an den meisten Hochschulen gerade erst begonnen. Insbesondere die Exzellenzinitiative hat einen erheblichen Beitrag dazu geleistet, dass die Hochschulen ihre zukünftige Aufstellung systematisch reflektieren. Für 60 % der Hochschulen haben die Ergebnisse der Exzellenzinitiative die strategische Neuausrichtung sehr stark beeinflusst. Die Befragung zeigt, dass bis auf eine Hochschule, alle befragten Universitäten in den letzten fünf Jahren an einem Verfahren zur Bestimmung der eigenen Wettbewerbsposition teilgenommen haben. Interne und externe Strategiediskussionen sind dabei sehr häufig genutzte Instrumente, auch die Analyse von Rankings wird von 84 % der befragten Hochschulen systematisch vorgenommen (vgl. Abbildung 4).

Abbildung 4: Verfahren zur Einschätzung der eigenen Wettbewerbssituation in den vergangenen fünf Jahren (N=32)

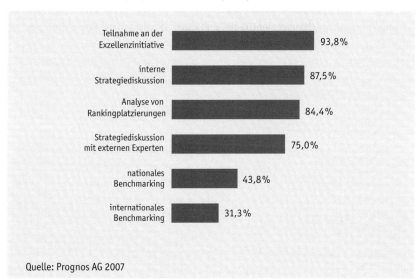

Quelle: Prognos AG 2007

Die geringste Bedeutung zur Bestimmung der eigenen Wettbewerbsposition haben für die Hochschulen Benchmarkingverfahren. Nur 31% der Hochschulen gaben an, in den letzten fünf Jahren an einem solchen Verfahren teilgenommen zu haben. Dieses Ergebnis wird bestätigt, betrachtet man z. B. die deutsche Beteiligung am *European Benchmarking Programme on University Management*. Hierbei handelt es sich um eines der wenigen (internationalen) Benchmarking-Programme, das sich speziell mit Fragen des Hochschulmanagements auseinandersetzt. Durchgeführt wird es vom European Centre for Strategic Management of Universities und vergleicht die teilnehmenden Universitäten jedes Jahr in drei bis vier ausgewählten Handlungsfeldern des strategischen Hochschulmanagements (bspw. Internationalisierung, Change Management, External Funding oder auch Human Resource Management). Seit Beginn des Benchmarkingprogramms im Jahr 1999 haben sich insgesamt nur drei deutsche Hochschulen an diesem internationalen Vergleich beteiligt.

Damit bestehen in diesem Bereich noch deutliche Entwicklungspotenziale. Dies betrifft auch den Gegenstand der Betrachtung von Benchmarkings. Laufende Benchmarkings und Evaluationen konzentrieren sich häufig auf den Vergleich von Lehr- und Forschungsleistungen, Verwaltungs-/Managementfragen sind kaum Gegenstand der Betrachtungen.

Für die zukünftige Entwicklung sehen die befragten Hochschulen die internationale Aufstellung als wichtigstes strategisches Element (81,3 %). Exzellenz in Forschung und Lehre werden weiterhin gleichberechtigt angestrebt (78,1 %), Exzellenz allein in der Lehre nennen hingegen nur 18,8 % der Hochschulen als eines ihrer drei wichtigsten strategischen Ziele. Die inhaltliche Profilierung über einzelne Fächer strebt die Mehrheit der Hochschulen (71,9 %) ebenso an wie eine enge Kooperation mit der Wirtschaft (68,8 %).

Aber nicht nur Forschung und Lehre zählen zu den Bereichen, die in strategische Überlegungen einbezogen werden. Die Durchführung umfassender Prozesse zur Modernisierung und Effizienzsteigerung der Verwaltungsstrukturen wurde von der Mehrheit der Universitäten eingeleitet: Kosten- und Leistungsrechung ist in den letzten Jahren an 80,6 % der Hochschulen eingeführt worden; Benchmarking der Verwaltung (65,6 %), Wirtschaftlichkeitsbetrachtungen bei Großinvestitionen über 100.000 € (62,5 %), Kooperationen mit anderen Hochschulen zur Bereitstellung zentraler Dienstleistungen (65,6 %) und die wettbewerbsorientierte Ausrichtung zentraler Dienstleistungen, z. B. durch Outsourcing, (68,8 %) sind ebenfalls weit verbreitet.

Freie Universität Berlin: Neuausrichtung als Reaktion auf knapper werdende Mittel

Die Lage der Berliner Universitäten entwickelte sich in den ersten Jahren nach der Wiedervereinigung zunehmend prekärer. Vor dem Hintergrund knapper Mittel des Berliner Senats und dem Vorhandensein von zwei Volluniversitäten und einer Technischen Universität innerhalb des wiedervereinigten Stadtgebiets waren selektive Kürzungen die Folge. Alleine in den Jahren 1999 und 2000 musste die Freie Universität Berlin Kürzungen in Höhe von rund 30 Mio. Euro realisieren, vor allem im Personalbereich. Auch die Zahl der Studierenden ging von rund 60.000 im Jahr 1990 auf etwa 33.000 im Jahr 2005 zurück.

Trotz der angespannten Haushaltslage ist die Freie Universität heute die leistungsstärkste der drei Berliner Universitäten: Die Resultate der leistungsabhängigen Mittelvergabe durch das Land für das Jahr 2006 bringen einzig der FU einen finanziellen Zugewinn.

Freie Universität Berlin: Neuausrichtung als Reaktion auf knapper werdende Mittel (Fortsetzung)

Diese positive Entwicklung der Freien Universität ist auch das Ergebnis eines grundlegenden Reformkurses in unterschiedlichen Bereichen:

▶ Um Entscheidungsprozesse zu beschleunigen und zu vereinfachen, wurden am 1.1.1999 neue Formen der Leitung und Kooperation in den Organen und Gremien der akademischen Selbstverwaltung eingeführt. Durch den Wegfall des Konzils sowie der Personal- und Hauptkommission konnte einerseits der Sitzungsaufwand in den zentralen Gremien deutlich reduziert und andererseits die Zahl der für Entscheidungen zuständigen Gremien verringert werden. Durch die Verkleinerung und die neue Zusammensetzung des Kuratoriums wurde dieses zu einem strategischen Planungs- und Aufsichtsorgan weiterentwickelt. Das auf Grundlage der „Erprobungsklausel" des Berliner Hochschulgesetzes eingeführte Erprobungsmodell leistet in Zeiten von Planungsunsicherheit und Mittelknappheit einen wichtigen Beitrag, damit die FU ihren Kernaufgaben nachkommen kann und die Handlungsfähigkeit für die Umsetzung zentraler Reformvorhaben ermöglicht wird.

▶ Seit 1999 werden neue Modelle der Finanzsteuerung zur Effektivitätssteigerung implementiert. In Kooperation mit einer externen Beratungsfirma wurde die Kosten- und Leistungsrechnung sowie eine professionelle Software zur internen Verwaltung eingeführt. Vor allem wurde jedoch die Budgetierung der Fachbereiche verändert. Bereits seit dem Jahr 1992 wird im Rahmen des FU-Leistungsmodells ein Teil der nicht gebundenen Sachmittel nach Leistungsindikatoren vergeben. Seither ist das Modell sukzessive modifiziert und erweitert worden. Heute werden die Leistungserwartungen des Landes in einem Kaskadenmodell durch Zielvereinbarungen an die Fachbereiche weitergegeben. Derzeit werden 20 Prozent der Mittel indikatorenbasiert zugewiesen. Bei den Fachbereichen werden nicht nur positive Anreize gesetzt, sondern nicht erreichte Ziele auch sanktioniert. Im Rahmen der leistungsorientierten Mittelvergabe des Landes haben diese neuen Modelle einen Leistungszuwachs von rund 10 Prozent bewirkt.

▶ Im Rahmen der Studienreform wird angestrebt, das Profil der Universität durch die Stärkung ausgewählter Fächer deutlicher herauszuarbeiten. Dies ist insbesondere für die Profilierung gegenüber der Humboldt-Universität erforderlich. Auf der anderen Seite arbeiten beide Universitäten eng zusammen, um Fächer zu konzentrieren und Überschneidungen zu vermeiden. Darüber hinaus hat die FU ihre schon immer auf Internationalität ausgerichtete Perspektive durch die frühe und umfassende Einführung von Bachelor- und Masterstudiengängen gestärkt.

Universität Mannheim: Konsequente Profilbildung und -pflege

Mannheim belegt in den letzten Jahren in den führenden deutschen Hochschulrankings regelmäßig Spitzenplätze. Nicht nur die Wirtschafts- und Sozialwissenschaften, sondern die gesamte Universität Mannheim kann durch herausragende Leistungen überzeugen. Insbesondere das klare Profil der Universität mit der Konzentration auf die Fächergruppen Wirtschafts- und Sozialwissenschaften erzeugt in der Fach- und auch breiten Öffentlichkeit die Wahrnehmung einer Universität von „Qualität mit konsequenter Ausrichtung".

Seit dem 21. Januar 2003 ist das Profil der Universität im „Positionspapier der Universität Mannheim" festgehalten. Die strategische Ausrichtung der Universität Mannheim, die im nächsten Jahr ihr 100-jähriges Bestehen feiert, auf Internationalisierung und Interdisziplinarität hat ihre Wurzeln in der Profilierung der Betriebswirtschaftslehre. Die Profilbildung der „Marke Mannheim" umfasst in Zukunft auch weitere Disziplinen (Sozialwissenschaften, Volkswirtschaftslehre und Rechtswissenschaften sowie die Philosophische Fakultät), die in ihrer Ausrichtung von Forschung und Lehre alle einen starken wirtschaftlichen Bezug haben sollen.

Durch eine zielgerichtete Berufungspolitik wird versucht, die Exzellenz der Universität durch herausragende Wissenschaftler weiter zu verstärken. Probleme bei Auslandsberufungen durch restriktive institutionelle Rahmenbedingungen in Deutschland beinträchtigen diesen Prozess nach Angaben der Universität Mannheim erheblich. Nicht zuletzt deshalb hat die Universität ihr Studienjahr international angepasst: Das Semester läuft ab dem Wintersemester 2006/2007 vom 1. August bis zum 31. Juli des Folgejahrs.

In der Umsetzung des Profilbildungsprozesses innerhalb der Fakultäten ist vor allem der „Wettbewerb der Konzepte" interessant: Als eine langfristige Strukturmaßnahme unterstützt dieser interne Wettbewerb die Umsetzung der Profilierungsstrategie innerhalb der Universität. Alle Fakultäten können an dem Wettbewerb um zusätzliche Ressourcen teilnehmen. Mit Konzepten zur Profilierung bewerben sich die Fakultäten und stellen sich einer internen Auswahl. Die dafür notwendigen Mittel wurden bislang durch die Schließung einzelner Fächer generiert, die nicht in das angestrebte Profil der Hochschule passen.

5.1 Exkurs: Internationalisierung

Die Internationalisierung der Hochschulen wird insbesondere durch EU-weite Entwicklungen vorangetrieben. Die gemeinsame europäische Zielsetzung, bis zum Jahr 2010 einen europäischen Hochschulraum zu schaffen, macht eine umfassende Reform des Hochschulwesens auch in Deutschland notwendig. Bund und Länder haben die Erklärung gemeinsam unterzeichnet und sich damit klar zu dem Ziel bekannt, die Reform des deutschen Hochschulwesens im europäischen Kontext voranzutreiben.

Auf der anderen Seite sind Studierende und Wissenschaftler mobiler und internationaler denn je. Ausländische Studierende werden von den Hochschulen zunehmend als finanzstarke Zielgruppe begriffen, Wissenschaftler aus dem internationalen Kontext gewinnen durch ihre breiten Erfahrungen an Bedeutung für den Erfolg der Forschung und der Lehre und nicht zuletzt bietet die Globalisierung der Wirtschaftsstrukturen insgesamt Chance und Herausforderung gleichermaßen für die Hochschulen. Bereits heute haben ausländische Studierende und Wissenschaftler eine hohe Bedeutung für die Außendarstellung und das Marketing der Hochschulen.

Abbildung 5: Bedeutung ausländischer Studierender und Wissenschaftler für die Marketingaktivitäten (N=32)

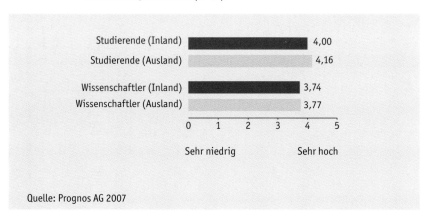

Quelle: Prognos AG 2007

Auch aus „Kundensicht" gewinnt die Internationalität der Hochschulen an Bedeutung: Dabei erwarten Studierende vor allem die Befähigung zum Auslandsstudium. Insbesondere Sprachkurse, die Bereitstellung von Auslandsstudienplätzen und das Angebot internationaler Studienabschlüsse bzw. die Internationalität des Lehrangebots erachten die Studierenden für wichtig bzw. sehr wichtig. Mit dem aktuellen Angebot sind die Studierenden jedoch nur eingeschränkt zufrieden.

TU Ilmenau: Hochschule mit internationaler Orientierung

Internationalität ist ein wesentliches Merkmal im Wettbewerb, dem sich die TU Ilmenau verschrieben hat. Durch zahlreiche Maßnahmen verfolgt die Technische Universität das Ziel, international kompatible Strukturen in Forschung und Lehre, aber auch bei der Bereitstellung von Zusatzleistungen für Studierende, zu gestalten, um im internationalen Wettbewerb attraktiv zu sein.

Die 16 Studiengänge der fünf Fakultäten werden bis zum Wintersemester 2006/07 auf Bachelor- und Masterabschlüsse umgestellt sein. Damit ist das gesamte Studienangebot bis auf die technische Ausbildung im Lehramtsstudiengang an berufsbildenden Schulen auf internationale Abschlüsse umgestellt. Daneben wird über ergänzende Angebote wie bspw. das Projekt „We for you" für einen guten Start in Thüringen versucht, den bislang eher durchschnittlichen Anteil ausländischer Studierender von ca. 10 Prozent nicht nur stabil zu halten, sondern zu erhöhen. Nicht nur die Gestaltung der Bedingungen an der Hochschule soll die internationale Wettbewerbsfähigkeit erhöhen, sondern insbesondere auch die Aktivitäten im Ausland: Mit dem Ziel Studiengänge zu exportieren, hat die TU aus den Reihen der Lehrstuhlinhaber Länderbeauftragte bestellt, welche die Beziehungen insbesondere zu Asien, Südamerika und Russland pflegen und intensivieren sollen. Erstes erfolgreiches Beispiel ist die deutschsprachige Informatikausbildung in Zusammenarbeit mit und am Moskauer Energetischen Institut.

Um mit den Entwicklungen und steigenden Anforderungen Schritt halten zu können, gilt es für die Hochschulen, ihre Organisation und Arbeitsabläufe anzupassen und anhand internationaler Kriterien zu modernisieren. Die internationale Wettbewerbsfähigkeit hängt in großem Maße davon ob, ob die Hochschulen über international kompatible Strukturen verfügen. Kernelement der internationalen Ausrichtung ist die Einführung eines gestuften Studiensystems aus Bachelor und Master mit europaweit vergleichbaren und kompatiblen Abschlüssen. Ziel ist es, die internationale Dimension an deutschen Hochschulen zu verstärken und den Abbau struktureller Inkompatibilitäten voranzutreiben. Das ECTS ist an den befragten Hochschulen durchschnittlich im Jahr 1999 eingeführt worden und damit bereits seit dem Jahr der Unterzeichnung der Bologna-Erklärung Bestandteil des Leistungsangebots an deutschen Hochschulen. Heute können im Durchschnitt rund 27 % aller Studierenden an den befragten Hochschulen nach dem ECTS studieren, an der FU Berlin und an der TU Hamburg-Harburg gilt diese Form der Leistungsmessung bereits hochschulweit.

Derzeit hat insbesondere die gezielte Ansprache und Begleitung von internationalen Studierenden an den Hochschulen einen hohen Stellenwert. Der Umfang des fremdsprachigen Lehrangebotes liegt bei den befragten Hochschulen derzeit jedoch nur bei durchschnittlich 6,3 % der angebotenen Lehrveranstaltungen; mit 30 % ist hier die Universität Bonn führend.

Abbildung 6: Maßnahmen zur Internationalisierung der vergangenen fünf Jahre (N=32)

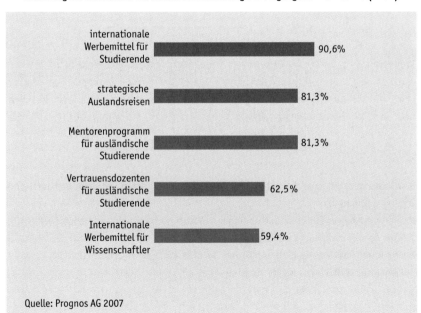

Quelle: Prognos AG 2007

Die internationale Orientierung der Hochschulen bleibt nicht auf Deutschland beschränkt. Es werden umfangreiche Aktivitäten unternommen, um kostenpflichtige Lehrangebote im Ausland durch die Gründung von Außenstellen oder die Kooperation mit lokalen Hochschulen anzubieten. Dabei sind Kooperationen mit Hochschulen im Ausland weit verbreitet, bestehen aber häufig in erster Linie auf dem Papier. Die Gründung von Außenstellen im Ausland beschränkt sich zurzeit noch auf einen geringen Teil der Universitäten: Rund 22 % der befragten Hochschulen planen bis zum Jahr 2008 die Eröffnung einer Außenstelle im Ausland. Asien (insbesondere China) steht dabei im Mittelpunkt der Bemühungen.

Internationalisierung als Anspruch und Herausforderung zugleich wird von einem Drittel der Universitäten als wesentliche Zukunftsstrategie begriffen. Ausländische Studierende und Wissenschaftler werden als wichtige Zielgruppe erkannt und angesprochen, insbesondere in weiterführenden Studiengängen. Aber auch Studierende und Forscher aus dem Inland werden dabei unterstützt, sich international aufzustellen und zu behaupten.

5.2 Bewertung der unternehmerischen Potenziale

Dass das unternehmerische Potenzial für die Entwicklung zukunftsweisender Strategien vorhanden ist, hat die Exzellenzinitiative gezeigt. Inwiefern die vorhandenen Zukunftskonzepte erfolgreich umgesetzt werden können, wird sich in den nächsten Jahren zeigen. Aber auch unabhängig von bundesweiten Wettbewerben besteht die Notwendigkeit für die Hochschulen, eigene Strategien zu entwickeln, diese regelmäßig zu überprüfen und entsprechend anzupassen.

Dem Benchmark im Bereich strategische Neuausrichtung liegt die Vorstellung einer Hochschule zugrunde, die
▶ Maßnahmen zur Einschätzung der eigenen Wettbewerbssituation durchgeführt,
▶ diese zur Umsetzung einer strategischen Neuausrichtung genutzt sowie
▶ Reformen zur Verbesserung der Effizienz von Verwaltungsstrukturen und zur Organisation der Hochschule eingeleitet hat.

Abbildung 7: Benchmark Strategie

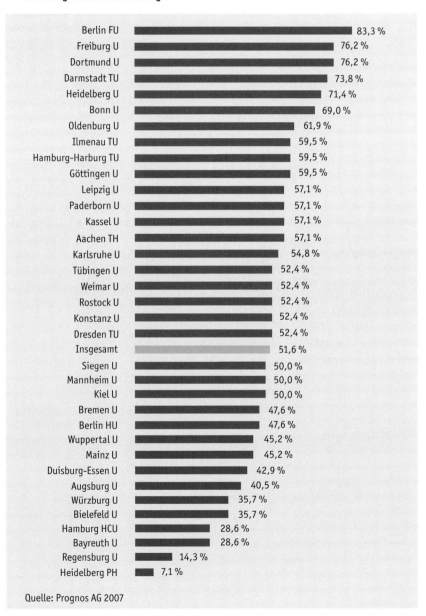

Berlin FU	83,3 %
Freiburg U	76,2 %
Dortmund U	76,2 %
Darmstadt TU	73,8 %
Heidelberg U	71,4 %
Bonn U	69,0 %
Oldenburg U	61,9 %
Ilmenau TU	59,5 %
Hamburg-Harburg TU	59,5 %
Göttingen U	59,5 %
Leipzig U	57,1 %
Paderborn U	57,1 %
Kassel U	57,1 %
Aachen TH	57,1 %
Karlsruhe U	54,8 %
Tübingen U	52,4 %
Weimar U	52,4 %
Rostock U	52,4 %
Konstanz U	52,4 %
Dresden TU	52,4 %
Insgesamt	51,6 %
Siegen U	50,0 %
Mannheim U	50,0 %
Kiel U	50,0 %
Bremen U	47,6 %
Berlin HU	47,6 %
Wuppertal U	45,2 %
Mainz U	45,2 %
Duisburg-Essen U	42,9 %
Augsburg U	40,5 %
Würzburg U	35,7 %
Bielefeld U	35,7 %
Hamburg HCU	28,6 %
Bayreuth U	28,6 %
Regensburg U	14,3 %
Heidelberg PH	7,1 %

Quelle: Prognos AG 2007

Die Befragungsergebnisse machen deutlich, dass sich die Hochschulen über die Bedeutung der eigenen Wettbewerbsposition für die Zukunftsfähigkeit einer Hochschule bewusst sind. Nur eine Hochschule gibt an, in den letzten fünf Jahren keines der genannten Verfahren zur Einschätzung der eigenen Wettbewerbssituation durchgeführt zu haben (PH Heidelberg). Auch wenn Benchmarks noch eine geringe Bedeutung spielen, so sind Verfahren zur Bestimmung der eigenen Stellung im Wettbewerb für die Hochschulen bereits selbst verständlich. Sicher hat auch die Exzellenzinitiative der Bundesregierung die Sensibilisierung der Universitäten für die Bedeutung der eigenen Wettbewerbsposition weiter befördert. Fast alle Hochschulen haben sich an diesem Wettbewerb beteiligt und erhebliche Ressourcen zur Verfügung gestellt, um einen Teil des ausgeschriebenen Budgets für sich zu gewinnen. Diese neue Wettbewerbsorientierung ist dabei durchaus zu begrüßen. Jedoch bleibt abzuwarten, ob die Wettbewerbsorientierung – vor allem an den nicht wie erwartet erfolgreichen Hochschulen – weiter konsequent vorangetrieben wird oder ob die ausbleibenden Mittel nun zu einem strategischen Leerlauf an den Universitäten führen.

Die Einführung von Verfahren zur Modernisierung und Effizienzsteigerung der Verwaltungsstrukturen wurde von vielen Universitäten begonnen – es besteht jedoch weiterhin Entwicklungsbedarf. So ist erst an 80,6 % der Hochschulen die Kosten-Leistungs-Rechnung eingeführt – eine der wesentlichen Voraussetzungen für die effiziente und kostengünstige Steuerung von Verwaltungsstrukturen.

Die strategischen Überlegungen an den Hochschulen gehen mit verstärkten Bemühungen um Profilbildung einher. Im Rahmen der Studie wurden beispielhafte Profile identifiziert:

1) Ausgeprägte Kooperation mit externen Partnern (z. B. Universität Augsburg)

Universität Augsburg: Das Zentrum für Weiterbildung und Wissenstransfer (ZWW) als strategische Schnittstelle zwischen Wissenschaft und Wirtschaft

Das ZWW an der Universität Augsburg bietet ein breites Angebot an Dienstleistungen im Bereich der Weiterbildung sowie des Technologie- und Wissenstransfers. In beiden Aufgabenschwerpunkten arbeitet die Universität eng mit der regionalen und überregionalen Wirtschaft zusammen.

In der strategischen Positionierung der Universität Augsburg hat das ZWW einen festen Platz. Augsburg steht im Wettbewerb den großen Hochschulen in München und Stuttgart gegenüber, die mit ihren Leistungen in Forschung und Lehre starke Konkurrenten darstellen. Die Nähe zur Wirtschaft, gesteuert über die Instrumente der Weiterbildung und des Wissenstransfers, ist die „dritte Säule" der Universität Augsburg und soll angesichts des steigenden Wettbewerbs um Mittel und Studierende weiter ausgebaut werden. Diese Überlegung geht konsequenterweise mit Aktivitäten zur Verbreiterung der Zuständigkeiten des ZWW einher. Eine neu eingerichtete Mitarbeiterstelle wird sich ab sofort um Alumni-Arbeit, Fundraising-Fragen und Corporate Communications kümmern. Auch das Angebot für Studierende und Absolventen wird über den Aufbau eines Career Services im ZWW erweitert.

2) Spezialisiertes Forschungs- und Fächerprofil (z. B. Universität Mannheim)

3) Modernisierte Volluniversität (z. B. FU Berlin)

Keine der befragten Hochschulen hat eine ausschließliche Profilbildung im Bereich der Geistes- und Sozialwissenschaften oder im Bereich der Lehre erkennen lassen. Angestrebt wird weiterhin eine Universität, die hochwertige Forschung und Lehre in einem breiten Fächerkanon verkörpert.

6. Finanzierung

6.1 Ausgangslage

Die Universitäten in Deutschland stehen bei der zukünftigen Gestaltung ihrer Finanzierung vermehrt unter dem Druck, sich neue Handlungsspielräume jenseits der staatlichen Grundsicherung zu erschließen, da sie einer doppelten Belastungssituation ausgesetzt sind. Einerseits ist eine deutliche Verknappung der öffentlichen Mittel über einen langen Zeitraum zu beobachten. In den vergangenen 20 Jahren hat es keine nennenswerten Zuwächse bei der staatlichen Hochschulfinanzierung gegeben. Im Gegenteil, die Ausgaben beispielsweise für die Lehre je Studierenden sind seit 1980 um rund 15 % zurückgegangen. Andererseits steigen die Erwartungen an die Universitäten: Für die vorerst noch deutlich steigenden Studierendenzahlen, die zunehmende Konkurrenz um ausländische Studierende sowie die Forderung nach internationaler Spitzenforschung werden zukünftig deutlich mehr Mittel benötigt

Abbildung 8: Entwicklung der Hochschulfinanzierung

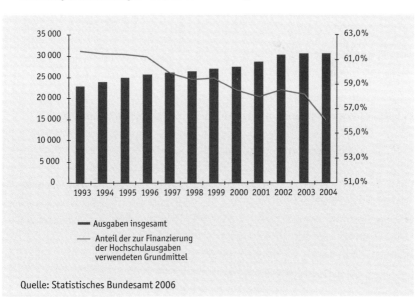

■ Ausgaben insgesamt

— Anteil der zur Finanzierung
der Hochschulausgaben
verwendeten Grundmittel

Quelle: Statistisches Bundesamt 2006

41

Bei der Erprobung neuer Finanzierungsstrategien befinden sich Hochschulen in einer besonderen Situation, da sie einerseits unternehmerisch agieren und andererseits ihren gesamtgesellschaftlichen Auftrag erfüllen sollen. Nach den Richtlinien des Hochschulrahmengesetzes dienen Hochschulen „der Pflege und der Entwicklung der Wissenschaften und der Künste durch Forschung, Lehre, Studium und Weiterbildung in einem freiheitlichen, demokratischen und sozialen Rechtsstaat."(§ 2 Hochschulrahmengesetz). Innerhalb der Hochschullandschaft ist bereits eine Reihe von individuellen Lösungsansätzen zu beobachten, mit denen gesellschaftlicher Auftrag und unternehmerische Strategie sinnvoll verknüpft werden.

Um ihre Aufgaben in Forschung und Lehre erfüllen zu können, werden den Hochschulen trotz des rückläufigen Trends nach wie vor öffentliche Mittel in einem großen Umfang zur Verfügung gestellt. Ohne die Aufwendungen für die Krankenversorgung an den Universitätskliniken werden derzeit jährlich knapp 20 Milliarden € für den Hochschulbereich von staatlicher Seite zur Verfügung gestellt. Dabei finanzieren die Länder als Träger der Hochschulen mit rund 16,5 Milliarden € den größten Anteil. Der Bund steuert rund 2,5 Milliarden € zur Hochschulfinanzierung bei und aus dem privaten Sektor fließt rund eine Milliarde € an die Hochschulen, sei es über die Vergabe von Forschungsaufträgen, durch Sponsoring oder Fundraising. Somit ist und bleibt die staatliche Grundsicherung tragende Säule der Hochschulfinanzierung.

Abbildung 9 gibt darüber Auskunft, aus welchen zusätzlichen Quellen neben der Grundfinanzierung die im Rahmen dieser Studie befragten Hochschulen derzeit hauptsächlich ihre Mittel beziehen.[2] Es ist zu erkennen, dass neben den staatlichen Grundmitteln vor allem die Drittmittel einen nennenswerten Posten der Hochschulfinanzierung darstellen. Nach den Angaben des statistischen Bundesamts konnten die deutschen Hochschulen im Jahr 2004 insgesamt knapp 3,5 Milliarden € an Drittmitteln einnehmen. Neben der Deutschen Forschungsgemeinschaft (33 %) und dem Bund (24,5 %) ist die Industrie (22,8 %) der größte Drittmittelgeber. Da die Höhe der eingeworbenen Forschungsförderung nach Hochschulart, Fächergruppe und Forschungsbereich sehr unterschiedlich ist, gelten Umfang und Zuwachs der Drittmittel als Gradmesser für die wissenschaftliche und wirtschaftliche Leistungsfähigkeit von Universitäten. Es ist jedoch strittig, ob allein steigende Drittmitteleinwerbungen die Handlungsspielräume von Universitäten erweitern helfen, da sie in der Regel als zweckgebundene Mittel der Forschungsförderung dienen sollen.

---

2 Diese Angaben sowie die folgenden Ausführungen über die Einnahmen von Universitäten verstehen sich ohne die Einnahmen der medizinischen Einrichtungen.

Abbildung 9: Zusammensetzung der zur Verfügung stehenden finanziellen Mittel im Rechnungsjahr 2005 (N=32; Quoten eigene Berechnung)

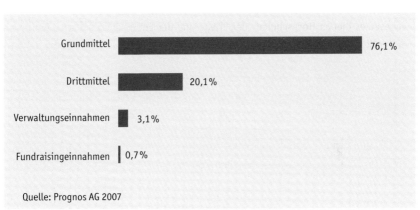

Quelle: Prognos AG 2007

Die Verwaltungs- und Fundraisingeinnahmen stellen im Durchschnitt der Hochschulen noch keine relevanten Größen dar, können jedoch in Einzelfällen eine wichtige Einnahmequelle bedeuten. Mit den Verwaltungseinnahmen sind in diesem Fall, in Anlehnung an die Terminologie der amtlichen Statistik, die Verwaltungsgebühren von Studierenden, die Verkaufserlöse aus Veröffentlichungen, aber auch die Einnahmen aus dem Verkauf von Produkten und Dienstleistungen sowie Studiengebühren von Langzeitstudierenden oder Studenten im Zweit- bzw. Seniorenstudium gemeint. Fundraisingeinnahmen bezeichnen hingegen das Einwerben privater Mittel im Form von Spenden und Sponsoring. Obwohl die Hochschulen heute durch Fundraising im Durchschnitt noch keine wesentliche Steigerung der zur Verfügung stehenden Mittel erzielen, ruhen auf den hierunter zusammengefassten Einnahmequellen die größten Hoffnungen für zukünftige Finanzierungsstrategien.

6.2 Ansätze einer künftigen Finanzierung von Hochschulen

Die Erschließung alternativer Einnahmequellen ist in der Hochschullandschaft keine neue Herausforderung. Bereits im Jahr 1996 empfahl die Hochschulrektorenkonferenz nachdrücklich eine „Diversifizierung der Einnahmequellen". In der Zwischenzeit wurden von den Universitäten eine Reihe von Maßnahmen ergriffen, um die zukunftsfähige Gestaltung ihrer Finanzgrundlage zu erreichen. Das erklärte Ziel stellt dabei die Erlangung einer größtmöglichen Autonomie von der staatlichen Grundmittelsicherung dar. Die öffentlichen Mittel machen im derzeitigen Gesamtbudget von knapp 90 % der befragten Universitäten noch mehr als zwei Drittel des Haushalts aus. Von den Universitäten wird jedoch eine deutliche Erhöhung der Einnahmen jenseits der staatlichen Mittel angestrebt. Der Anteil dieser Mittel wird langfristig bei rund zwei Dritteln des Gesamtbudgets gesehen.

Obwohl Universitäten also nicht nach den Prinzipien der Gewinnmaximierung wirtschaften können, verlangt der gegenwärtige Status-quo der Hochschulfinanzierung mehr Initiative und mehr Unternehmergeist bei der Erschließung alternativer Finanzierungsquellen. Die Erfahrungen zeigen, dass es Chancen und Wege gibt, jenseits der staatlichen Grundsicherung Mittel zu generieren. Die Universitäten werden mehr als heute strategisch jene Wege einschlagen müssen, die sie von der öffentlichen Finanzierung unabhängiger machen.

6.2.1 Verkauf von Produkten und Dienstleistungen

Neben der staatlichen Grundsicherung und den Drittmitteln stellen die Erträge aus dem Verkauf von Produkten und Dienstleistungen sowie der Weiterbildung mögliche zusätzliche Einnahmenquellen für die Universitäten dar. Darüber hinaus resultieren vor allem aus Vermietungen von Räumen und Gebäuden sowie aus den Bibliotheksgebühren weitere Mittel. Gerade für Technische Universitäten stellt die Auftragsforschung die wichtigste zusätzliche Einnahmequelle dar. Aufgrund des ausgeprägten Wettbewerbs der Hochschulen untereinander und mit anderen Forschungseinrichtungen unterliegt diese Einnahmequelle jedoch erheblichen Nachfrageschwankungen. Bislang wurden durch die Forschungsverträge außerdem ausschließlich die direkten Projektkosten, nicht aber die Infrastrukturkosten gedeckt. Durch die zweite Programmlinie des Hochschulpakts werden von der DFG geförderte Projekte ab 2007 ein Plus von 20 % der Fördersumme für den Overhead beinhalten, was den Handlungsspielraum vergrößern wird.

Der Verkauf von Produkten und Dienstleistungen spielt für Universitäten, gemessen am Anteil des zur Verfügung stehenden Gesamtbudgets, noch eine geringe Rolle. Im Durchschnitt machen diese Verkaufserlöse derzeit 1,6 % des Haushalts der im Rahmen dieser Studie befragten Universitäten aus. Zwar wird dabei etwa der Technologietransfer als gesetzlich verankerte Annexaufgabe von allen Universitäten neben den Primäraufgaben von Forschung und Lehre wahrgenommen. Es existieren jedoch nur im Einzelfall Modelle, welche den Transfer von Know-how in die Wirtschaft auf eine marktnahe Art und Weise institutionalisiert haben. Als gutes Beispiel gilt in diesem Zusammenhang die Strategie der TU Dresden.

TU Dresden: Erschließung neuer Finanzquellen mit Hilfe der TUDAG-Firmengruppe

Durch das kluge Zusammenspiel der relevanten Akteure haben sich an der Peripherie der Technischen Universität Dresden Geschäftsmodelle organisiert, von denen die Universität finanziell aber auch hinsichtlich des Know-how-Transfers profitiert. Im Zentrum dieser Aktivitäten steht die TUDAG-Firmengruppe, die TU Dresden Aktiengesellschaft. Die AG wurde im Jahr 2000 gegründet durch die Gesellschaft der Freunde und Förderer der TU Dresden e. V. Ihr Ziel ist es, als Firmengruppe universitätsnaher Unternehmen den Wissens- und Technologietransfer in den kommerziellen Markt zu ermöglichen. Die TUDAG umfasst derzeit acht Unternehmen.

Die GWT-TUD GmbH ist seit 1996 am Markt und vermarktet wissenschaftliche Dienstleistungen, forschungsnahe Produkte und Technologien und steht für Unternehmen im Rahmen von Auftragsforschung und Technologietransfer zur Verfügung. An sechs Standorten in Sachsen arbeiten rund 190 Mitarbeiter. 2005 wurden in der GWT-TUD GmbH 16,6 Millionen Euro umgesetzt.

Die DIU-Dresden International University wurde 2003 als gemeinnützige Gesellschaft gegründet. Die DIU bietet als staatlich anerkannte Universität postgraduale Studiengänge und wissenschaftliche Weiterbildung in den Bereichen Natur- und Ingenieurswissenschaften, Wirtschaft und Recht an. Sämtliche Lehrprogramme sind durch das SMWK genehmigt worden. Die Lehrkräfte, die zumeist aus der Mitarbeiterschaft der TU Dresden stammen, werden bedarfsgerecht über Projektverträge für die Dauer der jeweiligen Studiengänge eingestellt. Dieser Netzwerkcharakter steht formal einer Anerkennung als selbstständige Institution durch den Wissenschaftsrat entgegen. Im Jahr 2005 wurde erstmalig der Break-Even erreicht: Es wurden 1,932 Millionen Euro umgesetzt und ein positives Ergebnis von 85.700 Euro erwirtschaftet, bis 2007 sollen es drei Millionen Euro Umsatz sein. Derzeit sind 28 feste Mitarbeiter bei der DIU beschäftigt und mehr als 200 Dozenten und Projektmitarbeiter auf Honorarbasis tätig.

TU Dresden: Erschließung neuer Finanzquellen mit Hilfe der TUDAG-Firmengruppe (Fortsetzung)

Weitere Unternehmen sind die IAM – Institute of Automotive Mechatronics GmbH, die IAP GmbH – Institutsambulanz und Tagesklinik für Psychotherapie der TU Dresden, die Leichtbau-Zentrum Sachsen GmbH, die TUD Face (TU Dresden Institute for Further and Continuing Education), die TUDIAS Technische Universität Dresden Institute of Advanced Studies sowie die Verkehrsunfallforschung an der TU Dresden GmbH. Weitere Unternehmen sollen aus der TU heraus unter dem Dach der TUDAG gegründet werden.

Die Firmen der TUDAG bilden die Schnittstelle zwischen Kunden und Unternehmen mit Know-how-Bedarf und der Universität. Entsprechende Geschäfte und Verträge werden nicht mit der Universität abgeschlossen, sondern mit einem Unternehmen der TUDAG-Firmengruppe. Auf diese Weise können schneller und gezielter Kunden mit Forschern und Dienstleistern der TU Dresden zusammengebracht werden. Die inhaltliche Kompetenz verbleibt bei den Wissenschaftlern und Lehrkräften der Hochschule. Der Aufwand für Verwaltung und Marketing wird von dem entsprechenden Unternehmen der TUDAG getragen, die für ihre Dienstleistungen entsprechend vom Kunden entlohnt werden.

Die auf diese Weise erwirtschafteten Überschüsse fließen an die Träger der Aktiengesellschaft, d. h. an die Gesellschaft der Freunde und Förderer der TU Dresden e. V. und können von dieser in Form von Spenden an die Universität weitergeleitet werden. Im Aufsichtsrat der TUDAG sind mit dem Rektor und dem Kanzler richtlinienkompetente Mitglieder der Universität vertreten, die sich für die Interessen der TU Dresden einsetzen können. Die generierten Einnahmen sind vor einem Zugriff des Staates geschützt, da es sich um Einnahmen eines privatwirtschaftlichen Unternehmens handelt. Die Konstruktion ist dementsprechend für alle Beteiligten ein gewinnbringendes Geschäft.

Das Beispiel der Vermarktung von Produkten und Dienstleistungen in Dresden steht für eine bereits kleine Reihe von Universitäten, die jenseits des institutionalisierten Technologietransfers marktnahe und auch profitable Wege des Know-how-Transfers erproben. Hier stehen vor allem Technischen Universitäten Potenziale offen, welche derzeit nur im Einzelfall erschlossen werden.

Darüber hinaus entwickelt sich derzeit vor allem international ein Markt, auf dem Bildung als Produkt erfolgreich umgesetzt wird. Insbesondere in Ländern Südostasiens konkurrieren in erster Linie amerikanische und britische Universitäten mit ihren Außenstellen um

Studierende, die für einen internationalen Abschluss hohe Studiengebühren zu zahlen bereit sind. Dass Bildung eine international vermarktbare Ware ist und die Reputation einer Universität im Ausland als Marke eingesetzt werden kann, ist von der Vielzahl deutscher Universitäten noch nicht als Chance verstanden worden. Die TU München betreibt derzeit in Singapur eine Außenstelle und bietet dort kostenpflichtige Masterstudiengänge an. Die Ergebnisse der im Rahmen dieser Studie durchgeführten Hochschulbefragung zeigen, dass immerhin rund 20 % der befragten Unis in den kommenden Jahren die Eröffnung einer Außenstelle im Ausland planen, um kostenpflichtige Studiengänge zu vermarkten.

Aber auch in einem nationalen Maßstab stellt die Vermarktung von Bildung durch Angebote akademischer Weiterbildung einen erfolgreich erprobten Weg dar, um neue Finanzierungsquellen zu erschließen. Ein gutes Beispiel ist in diesem Zusammenhang das Angebot der betriebswirtschaftlichen Fakultät der Universität Mannheim und der Mannheim Business School.

Universität Mannheim: Vermarktung von Bildung durch die Mannheim Business School

↘ Mit der **MBA gGmbH** wurde eine rechtlich und organisatorisch eigenständige Organisation gegründet, die einen Produktbereich der Betriebswirtschaftlichen Fakultät bearbeitet. Während die grundständigen Lehrangebote klassisch im Rahmen der Fakultät selbst durchgeführt werden, wurde im Frühjahr 2005 die MBA gGmbh für die entgeltlichen Lehrangebote in MBA-Studiengängen – European MBA, Mannheim Executive MBA, Company Programs – gegründet. Ausschlaggebend für diesen Schritt waren zwei Gründe: Die höhere Flexibilität und die damit einhergehenden Vorteile für die Positionierung am internationalen Markt. Für die MBA gGmbh sind sieben fest angestellte Mitarbeiter tätig. Die Kostenstrukturen sind größtenteils von der Universität getrennt, eine enge Verbindung besteht jedoch weiterhin z. B. durch die Bereitstellung universitärer Infrastruktur wie Seminarräume oder Bibliotheken für die Arbeit der MBA gGmbH. Darüber hinaus tritt die MBA gGmbh gemäß der Satzung finanzielle Überschüsse aus den Einnahmen des Studienbetriebs an die Fakultät für Betriebswirtschaftslehre ab.

Diese Beispiele für die Vermarktung von Produkten, Dienstleistungen und Angeboten der akademischen Weiterbildung zeigen, dass es eine Reihe von zusätzlichen und häufig individuell auszugestaltenden Wegen für Universitäten gibt, neue Finanzierungsquellen zu erschließen. Dabei muss nicht konsequent der internationale Fokus das richtige Modell für die jeweilige Universität darstellen. Je nach Größenordnung und Maßstab ist unter Umständen die nationale Perspektive oder die regionale Vernetzung der besser geeignete Ansatz. Ein positiver Nebeneffekt dieser Bemühungen ist in der Regel ein zusätzlicher Imagegewinn. Hier stehen Wege offen, die von Universitäten vor dem Hintergrund der aktuellen Finanzsituation noch nicht mutig genug beschritten werden.

6.2.2 Fundraising

Deutsche Universitäten konnten im Einzelfall bereits große Erfolge bei der Fundraisingarbeit erzielen. Bei der Diskussion um die Neuordnung der Hochschulfinanzierung wird besonders beim Fundraising gerne der internationale Vergleich herangezogen, um zu verdeutlichen, welche finanziellen Erfolge Hochschulen im Ausland erzielen. Doch gerade die Erfolgsgeschichten englischer und amerikanischer Spitzenuniversitäten sind nicht eins zu eins auf Deutschland zu übertragen. Neben formalrechtlichen Unterschieden besteht im angloamerikanischen Raum eine deutlich andere Stiftermentalität, die häufig auf Grundlage jahrzehntelang gewachsener Netzwerkstrukturen der Alumnis gepflegt wird. Das bedeutet jedoch nicht, dass es nicht auch deutschen Universitäten gelingen kann, durch das Einwerben privater Spenden beachtliche zusätzliche Mittel zu erwirtschaften.

Die derzeit durch Fundraising gewonnenen Mittel spielen innerhalb des durchschnittlichen Gesamtbudgets der befragten Universitäten noch eine marginale Rolle. Durchschnittlich erwirtschaften Hochschulen weniger als 1 % ihres Gesamtbudgets durch Fundraisingeinnahmen. Dabei gelingt es nur rund einem Viertel der befragten Universitäten mehr als 100.000 € pro Jahr durch Spenden und Sponsoring zu erwirtschaften. Die Bemühungen konzentrieren sich an den Hochschulen häufig auf Fundraising-Aktivitäten zur Unterstützung von einmaligen Projekten wie dem Bau einer neuen Bibliothek, der Sanierung von Gebäuden oder der Durchführung von (Jubiläums-)Feierlichkeiten. Für die Verstetigung des Fundraising ist daher als erster Schritt notwendig, einen klaren Aufgabenbereich zu definieren, diesen innerhalb der Hochschulstrukturen organisatorisch zu etablieren und mit entsprechenden Personal- und Sachmitteln auszustatten. Obwohl Fundraising zum Aufgabenbereich aller Fachbereiche zählen sollte, ist eine Koordinierung der entsprechenden Aktivitäten für die gesamte Hochschule dabei unerlässlich, um die Bedeutung des Fundraisings hochschulintern wie -extern herauszustellen und ein abgestimmtes Vorgehen zu sichern.

Abbildung 10 verdeutlicht, dass aktuell knapp die Hälfte der befragten Universitäten die Verantwortung für das Fundraising zentral bei der Hochschulleitung organisiert. Selbst bei zentraler Organisation dieser strategischen Aufgabe bleibt die Fundraisingarbeit oft eine Nebentätigkeit der Hochschulleitung. Nur 18 % der Universitäten haben für die strategische Arbeit des Werbens um Spenden mindestens eine volle Mitarbeiterstelle eingerichtet. Die Universität Göttingen ist in diesem Feld derzeit mit 3,5 Mitarbeitern führend.

Abbildung 10: Organisation des Fundraising (N=32)

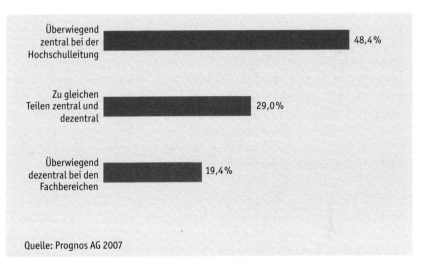

Quelle: Prognos AG 2007

Daneben ist das Fundraising vor allem auch ein Investitionsgeschäft. Derzeit investiert nur rund ein Drittel der Universitäten Sachmittel in die Fundraisingarbeit und zwar durchschnittlich 60.000 € im Jahr. Große Erfolge erzielen jedoch vor allem jene Universitäten, welche ein ausreichendes Budget für diese Arbeit bereitstellen. So konnte die RWTH Aachen im Jahr 2005 durch den Einsatz eines Sachmittelbudgets von über 500.000 € einen Ertrag von 44 Mio. € durch Fundraising erzielen.

Neben der direkten Ansprache der Wirtschaft gehört zu einer auf Langfristigkeit angelegten Fundraisingarbeit vor allem auch die frühzeitige und nachhaltige Bindung der Studierenden und Absolventen an ihre Universität. Eine intensive Alumniarbeit ermöglicht es, den Kontakt zu den Absolventen zu festigen, um diese in späteren Phasen ihrer Erwerbsbiografie als Spender und Sponsoren gewinnen zu können. Die Alumnikultur wird in Deutschland derzeit noch nicht von vielen Universitäten in größerem Umfang gepflegt. Ein gutes Beispiel für die erfolgreiche Bindung von Absolventen findet sich dabei an der Universität Mannheim.

Universität Mannheim: Alumni-Arbeit mit dem Absolventum e. V.

Entstanden durch die Initiative von Studierenden arbeitet Absolventum e. V. heute seit über 11 Jahren als Alumni-Vereinigung der Universität Mannheim. Mit der Organisationsform als eingetragener Verein verfügt Absolventum über einen eigenen Mitarbeiterstab und ein eigenes Budget, das sich über Mitgliedsbeiträge (ca. 200.000 Euro) sowie Einnahmen vor allem aus Fundraising-Aktivitäten zusammensetzt. Absolventum ist durch einen Kooperationsvertrag mit der Universität verbunden und dazu beauftragt, „die Universität bei der Förderung des Kontakts zu ihren Absolventen zu unterstützen".

Das Leistungsportfolio, das die Vereinigung dabei bereithält, ist breit und geht von der Unterstützung und Durchführung von Networking-Veranstaltungen, über die Unterstützung des Fundraisings der Universität zur Erwirtschaftung von Mitteln für Forschung und Lehre bis hin zu konkretem Sponsoring bspw. bei der Gestaltung eines Hörsaals der Universität. Um die finanzielle Förderung wissenschaftlicher Forschungs-, Studien- und Lehreinrichtungen von der jeweiligen Kassenlage des Vereins unabhängig zu machen, wurde im Jahr 2001 die Absolventum-Stiftung des Absolventum e. V. als weitere Einrichtung gegründet.

Die Universität Mannheim kann generell als gutes Beispiel für eine sehr ertragreiche Fundraisingarbeit gelten. Mit der Spende über zehn Millionen € durch die Hasso-Plattner-Förderstiftung im Jahr 2003 wurde eine der größten privaten Spenden gestiftet, die eine deutsche Hochschule je erhalten hat. Zusammen mit einer Ergänzung von weiteren 13 Mio.€ durch den Bund und das Land Baden-Württemberg konnte die Renovierung des Mannheimer Schlosses, welches die Universitätsbibliothek beherbergt, finanziert werden. Hier wurden durch stetige Bemühungen, die letztlich von jeder Universität erbracht werden können, große Erfolge erzielt.

6.3 Finanzielle Autonomie

Der rechtliche Rahmen der Hochschulgesetzgebung begrenzt den Handlungsspielraum der Universitäten. Die bereits diskutierten Bemühungen und Modellversuche zur Deregulierung und Autonomiesteigerung der Hochschulen zielen auf zahlreiche Bereiche der Hochschulsteuerung. Auch im Bereich der Finanzierung zeigen sich durch die modellhafte oder dauerhaft neu gestaltete Autonomie der Hochschulen interessante Ansätze zur Neuordnung der Finanzierung, welche die Hochschulen in die Lage versetzen, neben einer nach wie vor gültigen staatlichen Finanzierung unternehmerisch agieren zu können.

Beispielhaft dafür ist die Ausstattung einzelner Hochschulen durch vom Staat bereitgestellte Stiftungsvermögen. Die Hochschule wird damit in die Lage versetzt, mit den Erträgen aus dem Stiftungsvermögen die eigene Bewirtschaftung zu unterstützen. Zwar führt diese Stiftungslösung kurzfristig zu einer stärkeren Inanspruchnahme staatlicher Mittel, langfristig aber zu einer Entlastung dergleichen. Als Beispiel kann in diesem Zusammenhang die Universität Göttingen dienen, die nach der Novelle des Landeshochschulgesetzes als erste Hochschule Deutschlands am 01. Januar 2003 in die neue Rechtsform der Stiftungshochschule überführt wurde.

Universität Göttingen: Neue Strukturen für die autonome Bewirtschaftung der Finanzmittel

Das Stiftungskapital der Universität Göttingen umfasst ca. 600 Mio. €, die vollständig in Form von Liegenschaften, Gebäuden und Anlagen gebunden sind. Mit dem Stiftungskapital erwirtschaftet die Universität jährliche Zinserträge von ca. einer Mio. €. Trotz dieses eigenständigen Kapitals, das ihr aufgrund der Rechtsform Stiftungsuniversität zusteht, ist sie weiterhin von einer öffentlichen Grundfinanzierung abhängig, die mit knapp 340 Mio. € im Jahr mit Abstand die größte Einnahmequelle darstellt. Vorteil der Stiftungsuniversität ist, dass die öffentlichen Zuweisungen als Finanzhilfen außerhalb aller haushaltspolitischen Entscheidungen und Einschränkungen der Landespolitik (wie z. B. Haushaltssperren etc.) stehen und damit eine größere Planungssicherheit für die Hochschule ermöglichen.

Wesentlicher Bestandteil der autonomen Bewirtschaftung ist der effiziente Umgang mit den zur Verfügung gestellten Mitteln innerhalb der Universität. Dazu wurden in der Universität Göttingen parallel zur Einführung des Stiftungskapitals neue Strukturen etabliert, welche die weitgehende Autonomie der Fakultäten und die Einführung geeigneter Steuerungsinstrumente vorsieht. Jährlich stehen den Fakultäten ca. 100 Mio. € an Sach- und Personalmitteln zur eigenverantwortlichen Bewirtschaftung frei zur Verfügung. Dieses Budget verhandeln die Fakultäten eigenständig im Rahmen von Budgetverhandlungen mit der Hochschulleitung.

Universität Göttingen: Neue Strukturen für die autonome Bewirtschaftung der Finanzmittel (Fortsetzung)

Der interne Wettbewerb der Fakultäten untereinander um Ressourcen wird dadurch zusätzlich forciert. Die Sach- und Personalmittel sind grundsätzlich frei übertragbar (ausgenommen der Stellen für Professoren), auch Rücklagen für investive Maßnahmen können durch die Fakultäten selbst gebildet werden. Ungefähr ein Prozent des Fakultätsbudgets wird bereits heute leistungsorientiert für bestimmte Forschungsindikatoren (Drittmittel, Publikationen, etc. angelehnt an die DFG-Kriterien) vergeben.

Eine größere Autonomie in Finanzierungsfragen versetzt Universitäten in die Lage, eigenständiger und somit im besten Falle effizienter mit den zur Verfügung stehenden Mitteln zu wirtschaften. Darüber hinaus erlaubt das Stiftungsmodell den Universitäten den eigenständigen Einsatz der Erträge aus dem Stiftungsvermögen. Dennoch sind jene Universitäten, denen eine größere Autonomie eingeräumt wird, nicht davon befreit, sich um zusätzliche Mittel zu bemühen. Auch autonome Hochschulen sollten neben ihren größeren Handlungsspielräumen die Erschließung zusätzlicher Finanzierungsquellen forcieren.

6.3.1 Studiengebühren

Die Erhebung von Studiengebühren stellt eine weitere Möglichkeit für Hochschulen dar, bei der Neuordnung ihrer Finanzierung auf private Ressourcen zurückzugreifen. Mittlerweile wurde in sieben Bundesländern die Erhebung von Studiengebühren verbindlich festgelegt. Den Hochschulen dieser Bundesländer erwachsen durch die zusätzlichen Mittel neue finanzielle Handlungsspielräume. Legt man das denkbar pauschale aber in der Diskussion häufig verwendete Rechenbeispiel von je 500 € für ca. 80 % der regulären Studierenden pro Semester zugrunde, so erwachsen einer großen Universität mit bspw. 30.000 Studierenden Mehreinnahmen in Höhe von bis zu 24 Mio. € im Jahr.

Diese zusätzlichen Mittel sind für die Universitäten gleichzeitig Chance wie auch Herausforderung. Die im Rahmen dieser Studie durchgeführte Befragung von Studierenden zeigt, dass sich für deren Erhebung nur rund 15 % aussprechen. Eindeutig ist auch die Erwartungshaltung der Studierenden hinsichtlich der damit einhergehenden Konsequenzen: Studiengebühren sollen den jeweiligen Hochschulen direkt zur Verfügung stehen und keinen Ersatz für staatliche Mittel darstellen (vgl. auch Kapitel 10). Studiengebühren sollen darüber hinaus unmittelbar zu einer Verbesserung der Studienbedingungen und zu einer Verbesserung der Betreuungsrelation führen.

Mit der Erhebung von Studiengebühren sind die Universitäten mehr denn je aufgefordert, die Qualität der Lehre, der Betreuung und der Serviceangebote deutlich zu verbessern, um für Studierende attraktiv zu sein. Diese haben als zahlende Kunden ein nachvollziehbares Interesse daran, an einer Universität zu studieren, welche ihnen ein qualitativ hochwertiges Studium anbietet, das in einer angemessenen Zeit absolviert werden kann. Darüber hinaus werden die Ansprüche der Studierenden hinsichtlich Service, Qualitäts- und Personalmanagement sowie Vernetzung in die Praxis deutlich steigen.

Aus der Erhebung von Studiengebühren ergibt sich daher die Chance für die entsprechenden Hochschulen, mit Hilfe der zusätzlichen Mittel attraktive und serviceorientierte Bildungsanbieter zu werden. Diese zusätzlichen Mittel sind dann sinnvoll eingesetzt und folgen dem hier dargestellten Leitbild einer unternehmerischen Hochschule, wenn als Produkt qualitativ hochwertige Bildung mit unterstützenden flankierenden Dienstleistungen für unterschiedliche Zielgruppen angeboten wird. Wenn die zusätzlichen Einnahmen jedoch nicht mit der Erschließung weiterer Finanzquellen einhergehen und die Gebühren nicht in ausreichendem Umfang für die Verbesserung der Studienbedingungen eingesetzt werden, sind Hochschulen mit Studiengebühren letztlich einfach nur teurer als Hochschulen ohne Studiengebühren.

6.4 Bewertung der unternehmerischen Potenziale

Das unternehmerische Potenzial der Hochschulen im Bereich Finanzierung wird begrenzt durch die rechtlichen Reglementierungen einerseits sowie durch die gesellschaftlichen Verpflichtungen, denen Universitäten gerecht werden müssen. Dennoch sollte diskutiert werden, welche Wege den Hochschulen bei der Erschließung neuer Finanzierungsquellen offen stehen und welche bisherigen Beispiele als vorbildlich gelten können. Gerade vor dem Hintergrund zurückgehender staatlicher Unterstützung stellt eine Diversifizierung der Finanzierungsquellen eine der wichtigsten Herausforderungen an das unternehmerische Denken und Handeln der Hochschulen dar. Dem Benchmark im Bereich Finanzierung liegt daher die Vorstellung einer Hochschule zugrunde,

▶ der es gelingt, einen hohen Anteil an Mitteln jenseits der Grundmittel zu erwirtschaften, um mehr Unabhängigkeit und Leistungsfähigkeit zu erlangen; sei es durch das Einwerben von Drittmitteln, den Verkauf von Produkten und Dienstleistungen, Einnahmen aus Weiterbildungsangeboten, Fundraisingeinnahmen oder sonstigen Einnahmen;

▶ die die Potenziale des Fundraising erkennt und durch den Einsatz von Mitteln und Personal den Markt systematisch bearbeitet.

Abbildung 11: Benchmark Finanzierung

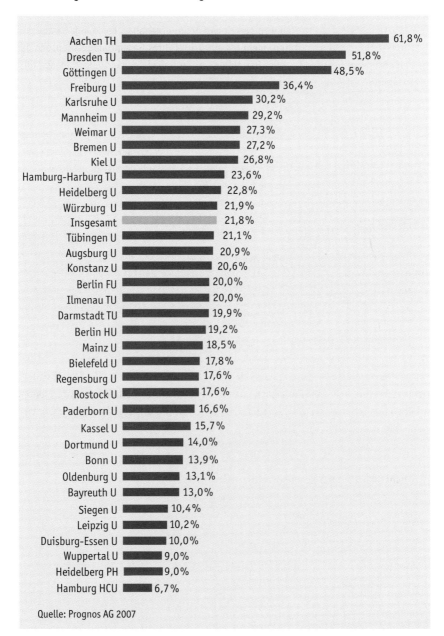

Aachen TH	61,8%
Dresden TU	51,8%
Göttingen U	48,5%
Freiburg U	36,4%
Karlsruhe U	30,2%
Mannheim U	29,2%
Weimar U	27,3%
Bremen U	27,2%
Kiel U	26,8%
Hamburg-Harburg TU	23,6%
Heidelberg U	22,8%
Würzburg U	21,9%
Insgesamt	21,8%
Tübingen U	21,1%
Augsburg U	20,9%
Konstanz U	20,6%
Berlin FU	20,0%
Ilmenau TU	20,0%
Darmstadt TU	19,9%
Berlin HU	19,2%
Mainz U	18,5%
Bielefeld U	17,8%
Regensburg U	17,6%
Rostock U	17,6%
Paderborn U	16,6%
Kassel U	15,7%
Dortmund U	14,0%
Bonn U	13,9%
Oldenburg U	13,1%
Bayreuth U	13,0%
Siegen U	10,4%
Leipzig U	10,2%
Duisburg-Essen U	10,0%
Wuppertal U	9,0%
Heidelberg PH	9,0%
Hamburg HCU	6,7%

Quelle: Prognos AG 2007

Insgesamt betrachtet stehen die Universitäten bei der Erschließung alternativer Finanzierungsquellen noch am Anfang. Ansätze finanzieller Unabhängigkeit und gesteigerter Leistungsfähigkeit sind erst bei wenigen Hochschulen erkennbar. Es gelingt derzeit nur 12 % der befragten Universitäten, mehr als ein Drittel ihres Gesamtbudgets jenseits der Grundmittel zu erwirtschaften. Die Darstellung guter Beispiele zeigt jedoch, dass es für Universitäten durchaus eine Vielzahl von Möglichkeiten gibt neue Finanzierungsquellen zu erschließen.

Im Bereich der Vermarktung von Produkten, Dienstleistungen und den Angeboten zur akademischen Weiterbildung werden bereits von einigen Universitäten die Potenziale erkannt und genutzt. Es gibt jedoch auch hier noch erhebliche Entwicklungsmöglichkeiten. Beispielsweise hat die deutsche Wirtschaft im Jahr 2003 lediglich 10,5 % ihrer ausgelagerten Forschungs- und Entwicklungsaufgaben durch den Hochschulsektor erbringen lassen. Hier bestehen große Potenziale für die weitere Entwicklung.

Auch das Fundraising ist eine noch wenig genutzte, aber viel versprechende Option für Hochschulen. Sobald man aufhört, die Fundraisingerträge an amerikanischen Maßstäben zu messen, zeigt sich eine Reihe nachahmenswerter Beispiele. Gezielte Fundraisingarbeit bedarf langfristiger Investitionen, die sich jedoch durch zusätzliche Mittel und Imagewirkung auszahlen.

Die neuen Handlungsspielräume, die Universitäten durch das Zugestehen größerer Autonomie und durch die Einführung von Studiengebühren offen stehen, müssen konsequent genutzt werden. Vor allem die zusätzlichen Einnahmen aus den Studiengebühren sollten als Chance verstanden werden, sich als serviceorientierten Bildungsdienstleister zur Verfügung zu stellen.

7. Marketing

Die aktuellen Veränderungen der bildungspolitischen, gesellschaftlichen und wirtschaftlichen Rahmenbedingungen machen eine Positionierung der einzelnen Hochschule als „profilierte Hochschule" (Müller-Böling 2000: 143) in der Hochschullandschaft zu einem entscheidenden Erfolgskriterium. Ein zielgerichtetes strategisches Marketing bedeutet, dass es der Hochschule zunächst gelingen muss, ein Image im Sinne einer Corporate Identity zu definieren und zu schärfen, um sich der Möglichkeiten ihres Vorsprungs am Markt bewusst zu sein. Dieses Image gilt es dann zielgerichtet zu vermarkten, um die eigene Reputation am Markt auszubauen. Über die Ansprache unterschiedlicher Zielgruppen mit spezifischen Instrumenten kann das Leistungsangebot strategisch ausgebaut werden. Für die erfolgreiche Umsetzung des Marketingkonzeptes ist die Etablierung entsprechender Führungsstrukturen und die Koordination aller Marketingaktivitäten an der Hochschule notwendig.

Um besser als ihre Wettbewerber zu sein und am Markt bestehen zu können, ist ein klares Image und eine zielgerichtete Vermarktungsstrategie für eine Hochschule in doppelter Hinsicht entscheidend: Zum einen wird die Hochschule damit für die besten Kunden, zum anderen aber auch für die besten Mitarbeiter attraktiv. Beide, Studierende und wissenschaftliches Personal, begründen dadurch die gute Reputation und die erfolgreiche Vermarktung einer Hochschule (Gall/Killinger 2004). Dass das Interesse an einer Hochschule mit deren Reputation und Exzellenz steigt, zeigen die Erfahrungen der Exzellenzinitiative. Nicht nur die drei „Sieger-Universitäten" TU und LMU München sowie die TH Karlsruhe, sondern alle beteiligten Universitäten konnten über ihre Teilnahme am Exzellenz-Wettbewerb eine erhebliche öffentliche Aufmerksamkeit erzielen und ihre Bekanntheit erhöhen. Neben der Steigerung ihres Renommées im Umfeld der Wettbewerber können Hochschulen über eine erfolgreiche Vermarktung betriebswirtschaftliche Ziele verfolgen. Als attraktive Lehr- und Ausbildungsstätte werden Studierende als „zahlende Kunden" gewonnen und über die Einnahmen von Studiengebühren so zusätzliche Mittel generiert.

Das Leistungsportfolio, mit dem Hochschulen die Aufgaben einer aktiven und gezielten Außendarstellung wahrnehmen, unterscheidet sich deutlich von Universität zu Universität. Auch mit der steigenden Anforderung als Hochschule zunehmend deutlicher in der Öffentlichkeit in Erscheinung treten zu müssen, werden zukünftig insbesondere kommunikationspolitische Aktivitäten wie bspw. die klassische Pressearbeit, der Auftritt auf einer Messe oder die Durchführung von Veranstaltungen (z. B. „Tag der offenen Tür") für die

Hochschulen im Mittelpunkt der Aufmerksamkeit stehen. Gleichwohl muss klar sein, dass die von den Hochschulen derzeit hauptsächlich betriebene Presse- und Öffentlichkeitsarbeit nur einen Teilbereich der möglichen und notwendigen Marketing-Aktivitäten abdeckt. Die Aufgaben eines modernen Hochschulmarketings sind breiter: Sie umfassen die Ansprache von Studierenden aus dem In- und Ausland, die Kooperation mit Region und Öffentlichkeit, das Imagebuilding in der Scientific Community, das Fundraising, die Vermarktung von Produkten und Dienstleistungen, die Entwicklung von Corporate Identity und Corporate Design, eines professionellen Internetauftritts etc.

Vor diesem Hintergrund gewinnt insbesondere die aktive und passgenaue Ansprache der unterschiedlichen Zielgruppen in der Hochschulumwelt an Bedeutung. Bereits heute erkennen die Hochschulen an, dass neben der Organisation und Profilierung von Forschung und Lehre für Studierende und Wissenschaftler, die gezielte Ansprache von Schülern, Absolventen und Unternehmen aus dem In- und Ausland immer wichtiger wird. Auch die zunehmenden Herausforderungen im Bereich der Finanzierung zählen zum Aufgabenbereich des Marketings. Über die Ansprache von Stiftern und Spendern sowie Investoren rückt die Gewinnung potenzieller Geldgeber in den Fokus des Hochschulmarketings.

7.1 Aufgaben eines professionellen Marketings

Die Aufgaben eines professionellen Marketings moderner Hochschulen gehen weit über die tradierten kommunikationspolitischen Instrumente der Presse- und Öffentlichkeitsarbeit hinaus. Markenbildung („Eliteuni", „Wirtschaftsuni"), Marktforschung und Eventmanagement sind wichtige Bestandteile erfolgreichen Hochschulmarketings.

7.1.1 Imagebuilding

Ein Image im Sinne einer Corporate Identity ist das Dach für alle Kommunikationsinstrumente und -aufgaben der Universitäten. Die Corporate Identity bildet die Alleinstellungsmerkmale der Hochschule ab und dient somit extern wie intern als unverwechselbares Identifikationsmerkmal. Die breite inhaltliche Aufstellung insbesondere der Volluniversitäten erschwerte eine klare Profilbildung bislang, das Image von Hochschulen war stattdessen häufig durch die Hochschulpolitik des Landes („rote Uni Bremen") bestimmt.

Zukünftig wird es für die Hochschulen darum gehen, ihr Profil in Form einer eindeutigen und unverwechselbaren Marke zu explizieren. Stärken und Eigenheiten müssen durch das Profil reflektiert werden und für Mitarbeiter sowie externe Zielgruppen erkennbar werden. Dabei müssen die Hochschulen nicht bei null anfangen, in den meisten Fällen ist ein Profil latent vorhanden und muss lediglich geschärft werden. An der TU Darmstadt wurde der Prozess der Autonomisierung durch das TUD-Gesetz genutzt, um marketingorientierte Überlegungen anzustrengen und umzusetzen. Das Projekt „Markant" dient neben der Professionalisierung der Marketingorganisation auch der Profilbildung. Im Rahmen eines partizipativ angelegten Strategieprozesses wird derzeit daran gearbeitet, ein Leitbild zu definieren, oder wie ein Mitarbeiter formulierte: „Das Reich aus tausend Inseln soll eine gemeinsame Corporate Identity bekommen."

Während Darmstadt noch am Anfang steht, betreibt Mannheim seit den 90er Jahren konsequente Profilbildung und -pflege. Heute steht die Universität Mannheim für Exzellenz in den Wirtschafts- und Sozialwissenschaften. Die strategische Ausrichtung Mannheims hat ihren Ursprung in der erfolgreichen Profilierung der Betriebswirtschaftslehre, die konsequente Profilbildung der „Marke Mannheim" umfasst weitere Disziplinen, die in Forschung und Lehre jedoch alle einen starken wirtschaftlichen Bezug haben und in Zukunft noch verstärkter haben sollen. Durch geeignete Steuerungsinstrumente wie bspw. ein interner Wettbewerb der Konzepte um frei werdende Mittel wird der Prozess ständig weiter vorangetrieben sowie mit Hilfe professioneller Kommunikationsstrukturen flankiert und unterstützt.

7.1.2 Zielgruppenansprache

Um exzellente Studenten, Forscher, Lehrkräfte und finanzstarke Förderer zu gewinnen, ist eine abgestimmte Strategie zur Ansprache der relevanten Zielgruppen notwendig. Dabei gilt es auf der einen Seite, für die gesamte Bandbreite möglicher Stakeholder offen zu sein und diese anzuerkennen. Diesen Schritt sind die Hochschulen gegangen: Die Ergebnisse der Befragung zeigen, dass die Bedeutung unterschiedlicher Zielgruppen wie Schüler, Studierende und Absolventen, aber auch das eigene Personal oder mögliche Investoren und Spender erkannt wird und als hoch oder sogar sehr hoch eingeschätzt wird.

Abbildung 12: Bedeutung unterschiedlicher Zielgruppen für Marketingaktivitäten (N=32)

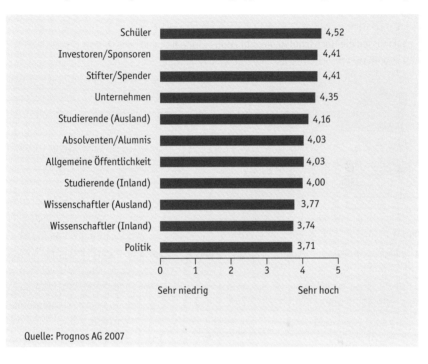

Quelle: Prognos AG 2007

Wichtig ist darüber hinaus die zielgerichtete Ansprache der jeweiligen Zielgruppe. Das Beispiel der TU Hamburg-Harburg illustriert diese Strategie mit dem Projekt ThinkING, das sich explizit an Studienanfänger als Zielgruppe wendet.

TU Hamburg-Harburg: ThinkING. – Studienanfänger als zentrale Zielgruppe

▶ Seit 1998 ist das Marketingkonzept *ThinkING.* zur Auslastung der Lehrkapazität an der TU erfolgreich: Innerhalb von 3 Jahren wurden die Studienanfängerzahlen um 50 % gesteigert.

▶ Das Programm beruht auf dem systematischen Aufbau von Patenschaften und Angeboten für Schulen (Projektwochen, Unternehmenskooperationen, Lehrerfortbildungen etc.).

▶ ThinkING. wird übertragen und als bundesweite Aktion durch die Arbeitgeberverbände weitergeführt.

Ein weiteres Beispiel für eine spezifische Ansprache einer Zielgruppe, der Absolventen, ist das bundesweit tätige Netzwerk der Career Services csnd. Das csnd ist ein Zusammenschluss von Einrichtungen, die an den deutschen Hochschulen Studierende auf den Übergang von der Hochschule in den Beruf vorbereiten. Für die Hochschulabsolventen bieten die Mitglieder des csnd eine breites Angebot an Maßnahmen, die den Berufseinstieg unterstützen sollen. Über die Career Services stellen die Hochschulen den Absolventen so nicht nur Informationen über Berufs- und Arbeitsmärkte, sondern auch die Vermittlung von zusätzlichen Schlüsselqualifikationen und Kontakte zu potenziellen Arbeitgebern zur Verfügung. Ein wichtiges Ziel des bundesweiten Netzwerks der Career Services ist es, die zahlreichen Angebote für Berufsorientierung und -vorbereitung der Absolventen zu verknüpfen und zu standardisieren.

7.1.3 Marketing von Produkten und Dienstleistungen

Die Vermarktung von Produkten und Dienstleistungen bietet den Hochschulen die Möglichkeit zusätzlicher Einnahmequellen. Durch die Weiterverwertung von Produkten wie bspw. Patente oder Gebrauchsmuster, aber auch die Bereitstellung von Dienstleistungen im Bereich der Beratung o.ä. können Hochschulen ihre Einnahmeseite diversifizieren und von staatlichen Mittelzuweisungen unabhängiger gestalten. Darüber hinaus ist mit diesen Aktivitäten ein Reputationsgewinn durch die aktive Werbung am Markt verbunden. Ein Großteil der Hochschulen erzielt bereits heute Einnahmen aus entsprechenden Aktivitäten, allerdings könnte die Professionalisierung der Angebote weitere Potenziale erschließen.

Als Beispiel für das Outsourcing dieser Aufgaben an ein eigenes Unternehmen kann die Humboldt-Innovation GmbH gelten. Als Tochter der Humboldt-Universität stellt die GmbH Vertretern aus Wissenschaft und Wirtschaft Dienstleistungen bereit, um die entsprechenden Transferprozesse zwischen Forschung und Praxis zu gestalten.

Humboldt Universität zu Berlin: Vermarktung von Know-how durch die Humboldt-Innovation GmbH

Die Vermarktung von Wissen und verwertbaren Ressourcen ist an der Humboldt Universität zu Berlin seit Sommer 2005 Aufgabe der Humboldt-Innovation GmbH. An der Schnittstelle von Universität und Wirtschaft bietet die 100%ige Tochter der Humboldt Universität Wissenschaftlern sowie an der Zusammenarbeit mit der Humboldt Universität interessierten Unternehmen Service- und Beratungsdienstleistungen an, um die Vermarktung von universitären Dienstleistungen und Produkten sowie die Auftragsforschung für Unternehmen zu professionalisieren und auszubauen.

Die Geschäftsfelder der Humboldt-Innovation GmbH sind Dienstleistungen zur Unterstützung und Anbahnung von Auftragsforschung, die Vermarktung von Forschungsergebnissen und -ressourcen, die Betreuung und Begleitung forschungsorientierter Existenzgründungen sowie die Unterstützung und Begleitung von EU-Drittmittelprojekten. Die GmbH finanziert sich selbst, indem für die umgesetzte Auftragssumme mindestens zehn Prozent Aufschlag für Overheadkosten berechnet werden. Dieser wird vom Auftraggeber getragen. Weitere Gelder sollen zukünftig durch Beteiligungen an Spin-Offs der Universität an die GmbH fließen.

Die Humboldt-Innovation GmbH erhält von der Universität keinerlei finanzielle Unterstützung. Die Anschubfinanzierung beschränkte sich auf die Bereitstellung von Räumen für die ersten zwei Jahre. Als 100%ige Tochtergesellschaft der Universität erwirtschaftet das Unternehmen keine eigenständigen Gewinne.

Die Humboldt-Innovation GmbH beschäftigt drei Mitarbeiter. Mittelfristig besteht das Ziel, das Kernteam (ohne Beschäftigte in Forschungsprojekten) auf 7 bis 10 Mitarbeiter zu vergrößern. Der Umsatz der Humboldt-Innovation GmbH im Geschäftsfeld Forschung betrug im letzten Halbjahr 2005 1,7 Mio. €. Im ersten Halbjahr 2006 wurden bereits 1,2 Mio. € erreicht. Auch hier besteht allerdings noch erhebliches Wachstumspotenzial. Das mittelfristige Umsatzziel wird mit 4 bis 5 Mio. € angegeben.

Für alle Projekte, die von der Humboldt-Innovation GmbH abgewickelt werden, treten die beteiligten Fachbereiche und Hochschulprofessoren der HU lediglich als Unterauftragnehmer der Humboldt-Innovation GmbH in Erscheinung. Da die Humboldt-Innovation GmbH gegenüber Mitarbeitern der Humboldt Universität nicht weisungsberechtigt ist, trägt die GmbH damit das volle unternehmerische Risiko der Projektabwicklung (z. B. Einhaltung der Termine).

Humboldt Universität zu Berlin: Vermarktung von Know-how durch die Humboldt – Innovation GmbH (Fortsetzung)

Die Vorteile dieser Organisationsstruktur liegen für die Arbeits- und Forschungsgruppen der Universität und auch für die Akteure der Wirtschaft vor allem in der Professionalisierung und Entbürokratisierung der Projektabwicklung. So kann beispielsweise Personal schnell und unbürokratisch über die Humboldt-Innovation GmbH eingestellt sowie Inventar über die GmbH beschafft werden. Insgesamt wird die Projektabwicklung dadurch flexibler und schneller.

Weiteres Beispiel für die Vermarktung von Produkten und Dienstleistungen ist das Zentrum für Weiterbildung und Wissenstransfer (ZWW) der Universität Augsburg. Im Wettbewerb mit anderen Hochschulen hat Augsburg das Angebot von Weiterbildung und Wissenstransfer über das ZWW professionalisiert und steuert heute die uni-interne Fortbildung, die aktive Vermarktung zahlreicher Weiterbildungsangebote und die Gestaltung des Wissens- und Technologietransfers zwischen Hochschule und Wirtschaft über das ZWW zentral.

Universität Augsburg: Professionelle Vermarktung von Fort- und Weiterbildung

Bereits seit 30 Jahren ist die Universität Augsburg in Sachen Weiterbildung aktiv. Mit dem Modellversuch „Kontaktstudium Management" erhielten graduierte Absolventen der Universität Augsburg im Jahr 1974 erstmals die Möglichkeit, fachliche und Managementkompetenzen an der Hochschule zu erwerben. Die Aufgabenschwerpunkte des ZWW heute sind wissenschaftliche Weiterbildung und Technologietransfer. Im Bereich Weiterbildung reicht das Produktportfolio des ZWW vom Angebot eintägiger Tagungen und Workshops (z. B. Kontaktstudium Management) über Seminare und Zertifikatskurse (z. B. zum Rating Analyst) bis hin zu zweijährigen MBA-Studiengängen in den Feldern Unternehmensführung und systemische Organisationsentwicklung. Ein umfangreiches Fortbildungsprogramm für die Mitarbeiter der Universität Augsburg bspw. im Bereich EDV rundet das Angebot ab. Ca. 60–80 Kurse für je 10–15 Mitarbeiter werden pro Jahr angeboten.

In den internen Strukturen der Universität Augsburg ist das ZWW als zentrale Betriebseinheit direkt an das Rektorat angegliedert. Durch die rechtliche Angliederung an die Hochschule steht dem ZWW die universitäre Infrastruktur, insbesondere aber auch der akademische Status – so bspw. das Verleihungsrecht für akademische Grade – und die unmittelbare Anbindung an und Kontakte zu wissenschaftlichen Einrichtungen der Universität zur Verfügung.

7.2 Ansätze zur Gestaltung eines professionellen Marketings

Marketing wird von der Mehrheit der befragten Hochschulen als Aufgabe verstanden, die zentral organisiert und der Hochschulleitung unmittelbar untergeordnet sein sollte. Nahezu 100% der befragten Hochschulen gaben an, die Marketingaufgaben an ihrer Hochschule zentral zu organisieren. Dabei finden bei knapp einem Drittel zusätzliche Marketingaktivitäten in den Fachbereichen statt. Deutliche Unterschiede bestehen im Verständnis, was Marketing für die Hochschule umfassen sollte. Strategisches Marketing wird auch heute von vielen Hochschulen noch nicht als eine umfassende Aufgabe verstanden, die über die klassische Presse- und Öffentlichkeitsarbeit hinausgeht und entsprechende Organisationsstrukturen benötigt. Weniger als die Hälfte der Hochschulen hat eine eigene Marketingabteilung, die große Mehrheit gibt an, das gesamte Marketing über das Pressebüro zu organisieren.

Dabei wird allein an der Ausstattung der entsprechenden Strukturen mit finanziellen Mitteln und Mitarbeitern deutlich, dass Marketing noch nicht als Aufgabe der Hochschule erkannt worden ist: Nur eine Minderheit der Hochschulen setzt mehr als einen festen Mitarbeiter im Marketing ein. Es werden durchschnittlich 75.000 € Sachmittel p. a. durch die Hochschulen für Marketingaufgaben bereitgestellt.

Abbildung 13: Organisation der Marketingaktivitäten (N=32)

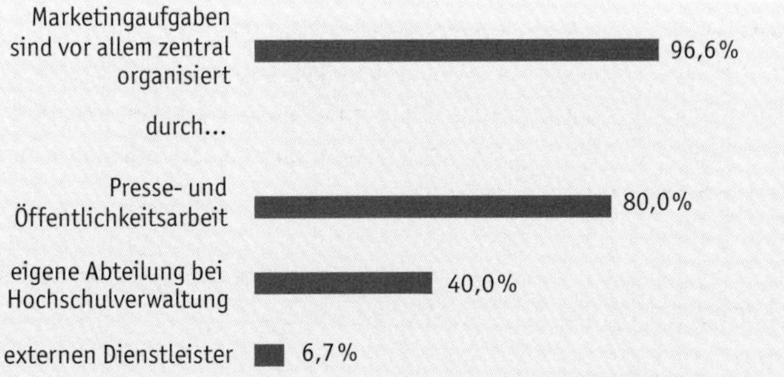

Marketingaufgaben sind vor allem zentral organisiert durch...	96,6%
Presse- und Öffentlichkeitsarbeit	80,0%
eigene Abteilung bei Hochschulverwaltung	40,0%
externen Dienstleister	6,7%

Quelle: Prognos AG 2007

63

Die erfolgreiche Umsetzung gezielter Marketing-Maßnahmen erfordert es, dauerhaft geeignete Organisationsstrukturen an der Hochschule zu etablieren, um von der punktuellen Vermarktung einzelner Projekte zu einem strategischen Marketing für die gesamte Hochschule zu gelangen. Für die Gestaltung von Organisationsformen kennt die Organisationstheorie grundsätzlich zwei Extremformen, um die Verteilung von Verantwortlichkeiten und Entscheidungskompetenzen festzulegen: Zentralisierung und Dezentralisierung. In der Praxis haben beide Extremformen keine Relevanz, vielmehr geht es bei der Organisationsgestaltung um den richtigen Grad von Entscheidungszentralisation bzw. -dezentralisation. Während bislang Einzelaktivitäten auf Ebene der Lehrstühle und Fachbereiche weit verbreitet waren, die sich nicht auf die Hochschule als Ganzes sondern zu weiten Teilen ausschließlich auf den entsprechenden Einzelbereich bezogen, gilt es heute, über eine professionelle Organisation die einzelnen Fachbereiche einzubinden und gleichzeitig ein Bild der gesamten Hochschule nach außen zu transportieren. So können die Außendarstellungen vereinheitlicht und Wiedererkennungswerte geschaffen werden. An den Hochschulen finden sich derzeit zwei grundsätzliche Ansätze zur Gestaltung des Marketings, die im Folgenden dargestellt werden.

7.2.1 Zentralisierung der Marketingaktivitäten

Das Verständnis von Marketing als eine Querschnittsfunktion im Rahmen derjenigen Hochschultätigkeiten, die zentral organisiert werden sollten, ist bereits bei vielen Hochschulen vorhanden. Organisatorisch werden die Marketingaktivitäten in der Mehrzahl in Form einer eigenen Abteilung innerhalb der Hochschule zusammengefasst. Diese Marketing-Abteilung ist in der Regel bei der Hochschulverwaltung angesiedelt, oftmals als Stabstelle direkt bei der Hochschulleitung. Aufgabe dieser zentralen Abteilung ist es erstens, die Einzelaktivitäten in der Hochschule zu einem Gesamtkonzept zusammenzuführen. Zweitens obliegt ihr selbstverständlich die Kommunikation mit der Öffentlichkeit. Am Ende steht also ein aktives Marketing, das alle relevanten Akteure mit einbezieht. Entscheidend ist, dass die Konzentration der Marketingaktivitäten nicht bedeutet, sämtliche Aktivitäten aller Fachbereiche zentral zu koordinieren und zu steuern. Jeder Fachbereich kann und sollte die eigenen Produkte, Dienstleistungen und Angebote aktiv selber vermarkten, die Aktivitäten müssen jedoch einer Gesamtstrategie folgen, um von einem zielgerichteten hochschulweiten Marketing sprechen zu können. Diese Zentralisierung bietet Vorteile, welche eine Professionalisierung der Marketingaktivitäten im unternehmerischen Sinn vorantreiben:

▶ Durch die permanente Abstimmung von Einzelaktivitäten zu einer gemeinsamen Aufgabenerfüllung wird der Koordinationsbedarf minimiert.

▶ Die Standardisierung bestimmter Aufgaben wie bspw. das Verwenden einheitlicher Formatvorlagen etc. verhindert Informationsasymmetrien. Das Bild der Hochschule wird nach außen einheitlich transportiert, die gleichförmige Gestaltung von Materialien fördert Wiedererkennungseffekte.

▶ Prozesse müssen möglichst einfach angelegt sein, um die Effizienz bei der Bearbeitung von Aufgaben zu erhöhen. Je mehr Personen für die Umsetzung einer Maßnahme verantwortlich und notwendig sind, desto höher ist der Abstimmungsbedarf und desto höher ist auch die Wahrscheinlichkeit einer verzögerten, überteuerten und eingeschränkten Umsetzung dieser Maßnahme.

Dabei geht es nicht um eine zentrale Steuerung aller Aktivitäten, sondern um eine hochschulweite Koordination von Teilbereichen des Marketings. Über eine Zentralisierung bestimmter Aufgaben können knappe Ressourcen ausgeglichen werden und bestimmte Themen des Marketings professionell im Sinne einer einheitlichen Außendarstellung bearbeitet werden.

Ein Beispiel für die zielgerichtete Zentralisierung des Marketings ist die TU Ilmenau: Im Ergebnis einer hochschulweiten Verwaltungsprozessanalyse wurden Marketing und studentische Angelegenheiten als zentrale Aufgaben definiert und werden seither durch eine strategische Struktureinheit des Rektorats wahrgenommen.

TU Ilmenau: Marketing als zentrale Aufgabe

Im Rahmen einer umfassenden Verwaltungsprozessanalyse wurde im Jahr 2004 eine Bestandsaufnahme und Ist-Analyse (Mitarbeiterzahlen, Ausgaben, Aufgaben, etc.) aller Dezernate der Hochschule durchgeführt. Aus den Ergebnissen wurde die Serviceorientierung der Hochschule als wichtige strategische Komponente abgeleitet. Im Jahr 2005 wurde als Konsequenz durch die Zusammenlegung des bisherigen Dezernates für Akademische Angelegenheiten und des Referates Presse- und Öffentlichkeitsarbeit das Referat „Marketing und Studentische Angelegenheiten" (MSA) gebildet und als strategische Struktureinheit direkt dem Rektorat unterstellt.

TU Ilmenau: Marketing als zentrale Aufgabe (Fortsetzung)

Unterstützt wird die Arbeit des MSA durch die Anfang 2006 ebenfalls in Folge der Verwaltungsprozessanalyse ausgegründete TU Ilmenau Service GmbH. Mit 1,5 Mitarbeitern übernimmt die
Service GmbH Leistungen in Aus- und Weiterbildung, im Regionalmarketing sowie wissenschaftliche Dienstleistungen. Ziel der Ausgründung ist es, beim Angebot dieser Dienstleistungen eine
höhere finanzielle Flexibilität und damit Marktnähe zu erhalten. Dabei bleibt sie rechtlich eine
Tochter und durch einen Kooperationsvertrag an die Hochschule angebunden. Erwirtschaftete
Überschüsse kommen der Universität zugute.

7.2.2 Outsourcing von Marketingaktivitäten

Das Outsourcing von Teilen der operativen Marketingaufgaben an einen externen Dienstleister gibt den Hochschulen die Möglichkeit zur eingeschränkten „Ökonomisierung" ihrer
Tätigkeiten. Die Universität als Wissenschaftsbetrieb verfolgt per se keine eigenen Ge-
winnerzielungsabsichten. Jedoch müssen auch Hochschulen unter Effizienzkriterien
agieren, insbesondere vor dem Hintergrund knapper Mittel. Eine Möglichkeit, dem „büro-
kratischen Korsett" staatlicher Regulierung und Organisationsstrukturen zu entkommen
und marktorientierte professionelle Lösungen zu finden, bietet das Outsourcing bestimmter Aktivitäten und die Hinzunahme externen Sachverstandes. Durch das Einbinden einer
privatwirtschaftlichen Organisation eröffnen sich den Hochschulen zusätzliche Möglichkeiten. Gleichwohl ist diese Strategie noch nicht weit verbreitet: Nur zwei der befragten
Hochschulen geben an, einen externen Dienstleister mit der Wahrnehmung ihrer Marketingaktivitäten betraut zu haben.

Die ausgegründeten Dienstleister sind in der Regel durch entsprechende Kooperationsver-
träge, aber auch personell an die Hochschule angebunden. Strategische Entscheidungen,
Personal- und Budgetverantwortung etc. sind zumeist von der Zustimmung der Hochschulleitung abhängig und obliegen damit weiterhin der Hochschule selbst.

In der Praxis zeigen Beispiele wie die Marketingagentur Competo, wie den steigenden Anforderungen an die Vermarktung der Hochschulen Rechnung getragen werden kann. Competo ist ein Kompetenzzentrum für strategisches Hochschulmarketing, das von mehreren
Hochschulen gemeinsam getragen wird. Als Beratungsagentur bietet Competo Hochschulen in ganz Deutschland gegen Honorar professionelle Beratung und Unterstützung im
Bereich des strategischen Hochschulmarketings.

Ein besonderes Beispiel für erfolgreiches Hochschulmarketing ist die Universität Mannheim. Seit September 2005 wird die Pressestelle der Universität Mannheim zur Abteilung Kommunikation und Fundraising weiterentwickelt. Aufgaben strategischer Kommunikation sowie der Bereich Fundraising sind nun in einer Abteilung des Rektoratsbüros integriert. Ein besonderer Schwerpunkt dieser Neuorganisation ist das Outsourcing großer Teile der operativen Marketingaufgaben an die Summacum GmbH als Service- und Marketinggesellschaft der Universität Mannheim. Ziel der Ausgründung ist neben der Professionalisierung und Zentralisierung auch eine größtmögliche Flexibilität für die zahlreichen Aktivitäten wie bspw. den Campus Shop oder auch das Event Management. Heute zeichnet sich die Summacum GmbH für ein breites Spektrum unterschiedlichster Produkte und Aufgaben verantwortlich. Mit dem Career Service, der Gestaltung, Produktion und dem Vertrieb von Merchandisingprodukten, dem Gasthörer- und Seniorenstudium und der Betreuung ausländischer Studierender in Deutschkursen sind nur einige Angebote benannt. Besonders interessant ist, dass die Summacum GmbH ihre Dienstleistungen auch weiteren Kunden anbietet. Als GmbH kann sie gewinnorientiert handeln – und die Überschüsse satzungsgemäß an die Hochschule abführen.

Universität Mannheim: Zielgerichtetes Marketing durch einen externen Dienstleister

Die Summacum GmbH ist die Service- und Marketinggesellschaft der Universität Mannheim. Dahinter verbirgt sich eine Organisation mit heute 15 Mitarbeitern sowie freien Dozenten und Hilfskräften, die ein jährliches Budget von über 2,2 Mio. Euro autark erwirtschaftet. Die Summacum bemüht sich als zentraler Marketingdienstleister der Universität um eine Zentralisierung und Vereinheitlichung des Außenauftritts. Die Produktpalette – von Merchandising-Produkten über Veranstaltungsmanagement, Studium Generale und weitere Weiterbildungsangebote bis hin zur Vermarktung wissenschaftlicher Produkte und Dienstleistungen – steht dabei auch anderen Kunden als der Universität Mannheim offen. Als GmbH handelt die Summacum gewinnorientiert – selbstverständlich nicht ohne die Überschüsse gemäß Kooperationsvertrag an die Universität zurückzuführen.

Universität Mannheim: Zielgerichtetes Marketing durch einen externen Dienstleister (Fortsetzung)

Bemerkenswert ist, dass sich die Marketing- und Kommunikationsstrategie der Universität Mannheim systematisch an schriftlich formulierten, hochschulübergreifenden Organisationszielen ausrichtet, die 2003 im Strategiepapier der Universität Mannheim verbindlich festgeschrieben wurden. Übergeordnetes Ziel aller Aktivitäten ist es, das Serviceangebot und die Infrastruktur für die Studierenden zu verbessern und so die besten Studienanfänger für die Universität zu gewinnen. Studieninteressierte stehen im Mittelpunkt der Marketing- und Kommunikationsstrategie der Universität Mannheim. Darüber hinaus richtet sich die externe Kommunikation der Universität Mannheim insbesondere an Unternehmen: Zum einen sollen Unternehmen für unterschiedliche Formen der finanziellen Unterstützung gewonnen werden, zum anderen sollen die Startmöglichkeiten für Absolventen der Universität entscheidend verbessert werden. Ziel ist es, die Attraktivität der Universität Mannheim weiter zu steigern. Die Unterstützung der dezentralen Organe der Universität bei der Entwicklung eigener Positionierungs- und Kommunikationsstrategien wird als wichtigste Aufgabe für die sechs Mitarbeiter der Abteilung Kommunikation und Fundraising gesehen.

Heute erreicht die Universität Mannheim durchschnittlich fünf Mio. Euro zusätzliche Einnahmen durch Fundraising-Aktivitäten jährlich. Ergänzt man die Studiengebühren, die ab dem Sommersemester 2007 in Mannheim erhoben werden, dann erwirtschaftet die Universität ab 2007 eigenständig zusätzliche Mittel in Höhe von knapp 20 Prozent der staatlichen Grundmittel. Dies ist umso bemerkenswerter, da das Profil der Universität Mannheim weder technisch noch naturwissenschaftlich ausgerichtet ist und somit Zugänge zu wichtigen Strukturmitteln fehlen. Dennoch hält die Universität Mannheim das Kooperationspotenzial für noch nicht ausgeschöpft. Ziel der Abteilung Kommunikation und Fundraising ist es, mittelfristig mindestens 30 Prozent der staatlichen Grundmittel zusätzlich über Fundraising-Aktivitäten und Studiengebühren zu erwirtschaften. Vor allem in ihren Alumnis sieht die Universität dabei mittelfristig ein wichtiges Potenzial zur Unterstützung ihrer Arbeit und letztlich auch zur Finanzierung.

7.3 Bewertung der unternehmerischen Potenziale

Das Leistungsspektrum der Hochschulen im Bereich des Marketings unterscheidet sich deutlich. Die Aktivitäten der Hochschulen reichen von Ansätzen der Profilbildung bis zur Vermarktung von Produkten und Dienstleistungen. Vor allem das strategische Werben um die Zielgruppe wird als zunehmend bedeutend wahrgenommen und äußert sich insbesondere in der zielgerichteten Ansprache von Schülern und Maßnahmen des Studierendenmarketings. Dem Benchmark im Bereich Marketing liegt die Vorstellung einer Hochschule zugrunde, die

▶ die Organisation ihrer Marketingaktivitäten professionell gestaltet

▶ ihre zentralen Marketingaktivitäten mit denen der Fachbereiche abstimmt

▶ für ihre Marketingaufgaben ausreichende Kapazitäten in Form von Mitarbeitern und Sachmitteln zur Verfügung stellt.

Abbildung 14: Benchmark Marketing

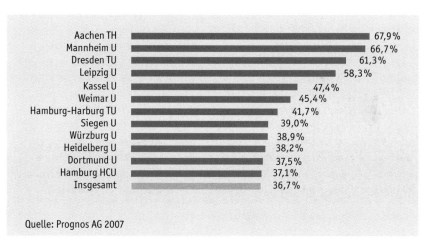

Quelle: Prognos AG 2007

Abbildung 14: Benchmark „Marketing" (Fortsetzung)

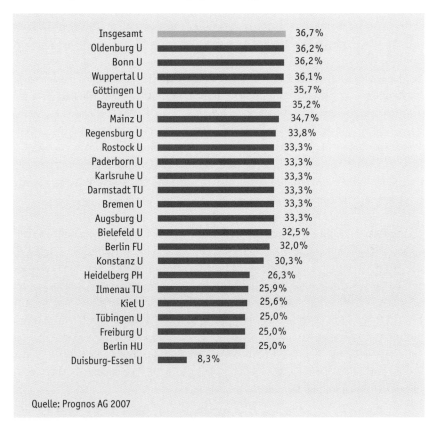

Insgesamt	36,7%
Oldenburg U	36,2%
Bonn U	36,2%
Wuppertal U	36,1%
Göttingen U	35,7%
Bayreuth U	35,2%
Mainz U	34,7%
Regensburg U	33,8%
Rostock U	33,3%
Paderborn U	33,3%
Karlsruhe U	33,3%
Darmstadt TU	33,3%
Bremen U	33,3%
Augsburg U	33,3%
Bielefeld U	32,5%
Berlin FU	32,0%
Konstanz U	30,3%
Heidelberg PH	26,3%
Ilmenau TU	25,9%
Kiel U	25,6%
Tübingen U	25,0%
Freiburg U	25,0%
Berlin HU	25,0%
Duisburg-Essen U	8,3%

Quelle: Prognos AG 2007

Die Ergebnisse des Benchmarks zeigen die Spannbreite, in der sich die strategischen und operativen Marketingaktivitäten der Hochschulen heute bewegen.

Alle Hochschulen betreiben bereits ein operatives Marketing und nutzen die Breite der Leistungsmöglichkeiten gut aus. Vor dem Hintergrund der Einführung von Studiengebühren und dem zunehmenden Wettbewerb um Studierende wird die einheitliche Außendarstellung, Markenbildung und letztlich Werbung jedoch einen völlig neuen Wert bekommen. Notwendig ist daher eine noch deutlichere Professionalisierung im Selbstverständnis und der Umsetzung des Marketings. Dabei muss der Fokus insbesondere auf dem strategischen Element des Hochschulmarketings liegen. Projekte wie Markant in Darmstadt zeigen, wie mit einem bottom-up-Prozess ein Marketingkonzept für die gesamte Hochschule entwickelt werden kann, das sowohl die bereits bestehenden Initiativen aufgreift als auch alle wesentlichen Akteure einbindet.

Den Hochschulen kann es durch einen bewusst angelegten Prozess des Imagebuilding gelingen, die Eigenschaften ihres Leistungspotenzials in Forschung und Lehre, aber auch in weiteren Bereichen wie Ausstattung oder Standortfaktoren zu erkennen und zu bewerten. Diese können dann als Grundlage für das angestrebte (oder bereits bestehende) Profil im Markt genutzt werden. Es ist zu vermuten, dass über die intensive Arbeit an den Wettbewerbskonzepten im Rahmen der Bewerbung für die Exzellenzinitiative der Bundesregierung vielerorts ein Prozess zur Analyse, Definition und Konkretisierung des eigenen Images in Gang gesetzt wurde. Diesen „Fahrtwind" gilt es nutzen.

Wichtig ist daher, dass die Bedeutung eines breit aufgestellten strategischen Marketings erkannt und die entsprechenden Potenziale in den Hochschulstrukturen umgesetzt werden. Um eine Hochschule erfolgreich zu vermarkten, sind ausreichend finanzielle und personelle Ressourcen notwendig. Die RWTH Aachen als Gewinnerin des Benchmarkings zeigt mit einem jährlichen Budget von 0,7 Mio. € und einer hohen nationalen wie internationalen Reputation, dass sich dieser Einsatz lohnt. Aber auch andere Beispiele verdeutlichen diese Zusammenhänge: Der Universität Mannheim ist es bspw. gelungen, sich mit einer umfassenden Strategie der Zentralisierung in einer strategischen Abteilung sowie dem Outsourcing einer Reihe operativer Aufgaben an eine GmbH zu positionieren und erfolgreich am Markt zu etablieren.

8. Personalmanagement

Modernes Personalmanagement an Hochschulen umfasst die Auswahl, Führung und Förderung von Wissenschaftlern, wissenschaftlichen Nachwuchskräften und nicht-wissen-
schaftlichem Personal. Die Personalauswahl umfasst insbesondere die Berufung von Professoren zur Unterstützung der Profilbildung und des wissenschaftlichen Renommees der
Institute und Fachbereiche.

Zu den Defiziten der derzeitigen Führungsstrukturen von Universitäten zählt die Personal-
beratung Kienbaum die nicht marktkonformen Gehalts- und Anreizsysteme, die Verwal-
tungsorientierung der Führungskräfte sowie das Fehlen von privatwirtschaftlicher Expertise und modernen Führungsinstrumenten an den Hochschulen (Meka & Jochmann,
2006:10).

Die Einführung leistungsorientierter Bezahlung und Zielvereinbarungen wird derzeit in-
tensiv an den Hochschulen diskutiert und wurde im Rahmen der Besoldungsregelungen für
den öffentlichen Dienst in begrenztem Umfang eingeführt. In Modellversuchen des Stif-
terverbandes für die Deutsche Wissenschaft wird die Zusammenarbeit mit Personalberatern erprobt, um mehr unternehmerische Kompetenz an die Hochschulen zu bringen. Personalentwicklung an Hochschulen umfasst insbesondere die Entwicklung des
wissenschaftlichen Nachwuchses: Graduiertenförderprogramme werden von den Hochschulen ebenso dazu gezählt wie die Bereitstellung von Weiterbildungsangeboten im Bereich der Schlüsselkompetenzen.

8.1 Personalauswahl

Die Berufung neuer Professoren wird von den Hochschulen als wesentliches Steuerungsins-
trument gesehen und dauert heute aufgrund bürokratischer Hürden bis zu zwei Jahre, da
mehr oder weniger reibungslose Abstimmungsprozesse mit dem jeweiligen Bundesland sowie den Gremien akademischer Selbstverwaltung durchgeführt werden müssen. Zahlreiche
Hochschulen fordern daher mehr Autonomie in den Berufungen und mehr Flexibilität bei der
Gestaltung von Verträgen.

Da Berufungen in der Mehrheit durch die Fachbereiche gestaltet werden, besteht ein ho-
hes Risiko, dass sich bestehende qualitative Strukturen des wissenschaftlichen Personals

dauerhaft reproduzieren: „Mittelmaß beruft Mittelmaß" umschreibt die Herausforderung der Hochschulen, einzelne Forschergruppen, Institute oder Fächer zielgerichtet zur wissenschaftlichen Exzellenz zu entwickeln.

Im Vordergrund der Professionalisierung der Personalauswahl stehen daher Bemühungen, die Berufungsverfahren zu beschleunigen und die Qualität der Berufungsverfahren durch den verstärkten Einbezug externer Fachexperten im Rahmen von Peer Review Verfahren zu verbessern (vgl. Abbildung 15). Die Auswahl der Fachexperten kann sowohl Experten anderer Fachbereiche der eigenen Hochschule einbeziehen als auch fachliche Spezialisten anderer Hochschulen (national und international). Auch die Hochschulleitung sieht sich mehr und mehr in der Verantwortung und erkennt die Personalauswahl als Führungsaufgabe. Hochschulleitungen engagieren sich verstärkt in Berufungsverfahren, indem sie bei der Auswahl der Kommissionsmitglieder aktiv steuern.

Abbildung 15: Einbeziehung fachfremder Dritter bei der Auswahl von wissenschaftlichem Führungspersonal (N=32)

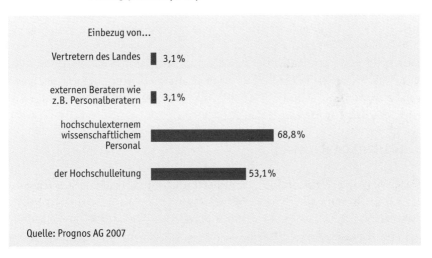

Quelle: Prognos AG 2007

Vom Wettbewerb um Köpfe an amerikanischen oder britischen Hochschulen sind die deutschen Hochschulen jedoch noch weit entfernt: Während an amerikanischen Hochschulen Präsidenten Personal durchaus persönlich rekrutieren, indem sie Wissenschaftler und Nachwuchskräfte auf Kongressen direkt anwerben, findet man dieses Selbstverständnis an deutschen Hochschulen nicht. Auch der Einsatz von Personalberatern und Headhuntern bleibt die Ausnahme: So hat die Universität Bremen im Rahmen eines Modellversuches die Überprüfung der wissenschaftlichen Qualifikation um die systematische Betrachtung außerfachlicher Kompetenzen erweitert. Dazu hat die Universität eng mit einem Personalberatungsunternehmen zusammengearbeitet.

Häufig werden Vermittler wie der ehemalige Vorsitzende der Hochschulrektorenkonferenz Landfried erst dann eingeschaltet, wenn Stellen im Rahmen der üblichen Ausschreibungsverfahren aufgrund mangelnder oder qualitativ unzureichender Bewerbungen nicht besetzt werden können (vgl. Süddeutsche Zeitung vom 07.08.2006). Dies ist derzeit vor allem der Fall, wenn Leitungspositionen an Hochschulen neu besetzt werden sollen.

8.2 Personalführung

Die Personalauswahl und die erfolgreiche Leitung einer Hochschule hängt eng mit der Führung der wissenschaftlichen und nicht-wissenschaftlichen Mitarbeiter zusammen. Klagen über die fehlende Autonomie der Hochschulen in den Berufungsverfahren entspricht nur zum Teil der aktuellen Gesetzeslage. So ist es in fast allen Bundesländern grundsätzlich möglich, das Berufungsverfahren zu beschleunigen, indem Professoren nicht mehr verbeamtet werden. Die Einführung zeitlich befristeter Professorenstellen, die W-Besoldung und die konsequente Einführung und Umsetzung von Zielvereinbarungen sind weitere Instrumente, um die Flexibilität der Hochschulen zu erhöhen. Viele Hochschulen sind sich dieser Freiräume jedoch nicht bewusst bzw. nutzen diese nicht. Eine Ausnahme bildet die TU Darmstadt, die mit Einführung des TUD-Gesetzes Professoren ausschließlich als Angestellte beruft.

TU Darmstadt: „So selbstständig wie keine andere deutsche Universität"

↘ Mit der Verabschiedung des „Gesetzes zur organisatorischen Fortentwicklung der Technischen Universität Darmstadt (TUD-Gesetz)" im Dezember 2004 hat die TU Darmstadt von der hessischen Landesregierung die volle Autonomie zur Gestaltung der Hochschulleistungen erhalten. Für einen Modellzeitraum von zunächst fünf Jahren ermöglicht das Rahmengesetz der Hochschule den Wandel zu mehr Selbstständigkeit und Eigenverantwortung. Als eine der wichtigsten Errungenschaften im Rahmen des TUD-Gesetzes gilt für die TU Darmstadt die Autonomie im Personalbereich.

Die Personalhoheit ermöglicht eine stärkere Verantwortung der Hochschule bei der Qualitätssicherung und damit eine qualitative Verbesserung des wissenschaftlichen Personals. Mit dem TU-Darmstadt-Gesetz werden Berufungsverfahren nun eigenständig und unabhängig von staatlichen Vorgaben durch die TU Darmstadt umgesetzt. Berufungsverfahren können in der Folge deutlich beschleunigt und flexibilisiert werden. Darüber hinaus sind Professoren in Darmstadt heute Angestellte der Hochschule und keine Beamten des Landes mehr. Die Gehaltsspanne orientiert sich dabei am Netto-Einkommen, das im Rahmen der W-Besoldung erzielt werden kann. Der Verzicht auf die Verbeamtung wird insbesondere von Wissenschaftlern aus der Industrie und jungen Nachwuchswissenschaftlern akzeptiert.

Auch die Umsetzung einer leistungsorientierten Besoldung an den Hochschulen ist grundsätzlich möglich. Aufgrund fehlender finanzieller Mittel werden die Möglichkeiten jedoch kaum ausgeschöpft. Damit sind die Gehälter in naturwissenschaftlichen und ingenieurswissenschaftlichen Fächern an den Hochschulen im Vergleich zu Gehaltsstrukturen der Wirtschaft nur eingeschränkt wettbewerbsfähig. Die neue W-Besoldung hat sich aufgrund der geringen Personalfluktuation noch nicht übergreifend durchgesetzt und findet derzeit bei weniger als 8,5 % aller entsprechenden Stellen Anwendung. Spitzenreiter ist die Universität Oldenburg, mit einem Anteil von 29 % W-Besoldung.

Zielvereinbarungen zählen hingegen zu denjenigen Instrumenten der Personalführung, die bereits an fast allen Hochschulen eingesetzt werden. In der Mehrzahl der Fälle werden Zielvereinbarungen mit den Fachbereichen getroffen und vom Fachbereichsleiter an die einzelnen Lehrstühle bzw. Institute weitergegeben. Zielvereinbarungen umfassen z. B. die Zahl der angestrebten Promotionen oder die Abbruchquoten bei Studierenden.

Insbesondere die Art der Umsetzung sowie die Konsequenzen bei Zielerreichung unterscheiden sich jedoch weiterhin maßgeblich. So reicht der Zeitraum, für den Zielvereinbarungen des Hochschulpräsidiums mit den Fachbereichen geschlossen werden von einem bis fünf Jahren. Nach Ablauf des entsprechenden Zeitraums wird die Zielerreichung geprüft und es werden neue Vereinbarungen für die nächsten Jahre getroffen. Von wenigen Ausnahmen abgesehen, ist die Mehrheit der Zielvereinbarungen Basis für die Verteilung zukünftiger Mittel. Lediglich an einzelnen Hochschulen geht die Nicht-Erreichung vereinbarter Ziele inzwischen mit Sanktionen in der Form einher, dass bereits verteilte Mittel wieder zurückgezahlt werden müssen.

8.3 Personalentwicklung

Personalentwicklung abseits fachlicher Qualifikationen wird erst zögernd von den Hochschulen als Aufgabe begriffen. An vielen Hochschulen bleibt es gerade dem wissenschaftlichen Personal selbst überlassen, fachliche, methodische oder soziale Kompetenzen weiterzuentwickeln. Die Förderung der Graduiertenschulen für den wissenschaftlichen Nachwuchs auch im Rahmen der Exzellenzinitiative soll diese Lücke schließen, indem strukturierte Promotionsprogramme geschaffen werden. Beispiele zur Nachwuchsförderung hat es auch vor der Durchführung der Exzellenzinitiative bereits gegeben (siehe Kasten). Die große Mehrheit der Nachwuchswissenschaftler wird jedoch nicht systematisch gefördert: Nur 20 % der Hochschulen geben an, über verbindliche Standards für die Betreuung von wissenschaftlichem Nachwuchs zu verfügen.

Universität Konstanz: Förderung des wissenschaftlichen Nachwuchs als zentrales Element des Forschungsprofils

Die Profilbildung der Universität Konstanz als Forschungsuniversität setzt einen Schwerpunkt in der Förderung von exzellenten Nachwuchswissenschaftlern. Diese Schwerpunktbildung wird seit 2001 durch das Zentrum für den wissenschaftlichen Nachwuchs (ZWN) verstärkt. In der deutschlandweit einzigartigen Institution wird hier der wissenschaftliche Nachwuchs der Universität auf Post-Doc-Ebene interdisziplinär zusammengeführt. Ziel ist es, neuen Karrierewegen von angehenden Hochschullehrern Rechnung zu tragen. Diese finden zunehmend außerhalb der institutionellen Anbindung an eine Hochschule, finanziert über Stipendien und Drittmittel, statt. Der an Hochschulen häufig fehlenden Vernetzung und mangelnden Kommunikation soll mit der Gründung des ZWN entgegengetreten werden. Die aktuell 19 Mitarbeiter des Zentrums finanzieren sich durch wissenschaftliche Tätigkeiten an den Fachbereichen und Sektionen selbst und bringen grundsätzlich auch die benötigten Forschungsmittel eigenständig ein. Zentrale Aufgabe des ZWN ist es, diese Mittel temporär um eine Anschub- oder auch Zwischenfinanzierung oder um zusätzliche Ressourcen für die Forschungsarbeit (bspw. durch Fahrtkostenunterstützung, aber auch Unterstützungen bis hin zu einer halben BAT II-Stelle) zu ergänzen. Über diese finanzielle Unterstützung hinaus soll ein institutioneller Rahmen für Netzwerkbildung und zur Vermittlung fachübergreifender Qualifikationen geschaffen werden. Die jährliche Unterstützung durch die Universität Konstanz beläuft sich dabei auf 160.000 Euro, in den ersten Jahren wurden zusätzlich für Investitionen in die Infrastruktur 500.000 Euro im Jahr zur Verfügung gestellt. Diese Mittel stehen dabei ausschließlich für die Forschungsförderung im ZWN zur Verfügung. Der administrative Anteil des ZWN (ein Mitarbeiter und 65.000 Euro Sachmittel) wird über Drittmittel durch das Land Baden-Württemberg finanziert.

Für die Universität als Ganzes übernimmt der Ausschuss für Forschungsfragen (AFF) unter dem Vorsitz des Prorektors für Forschung an der Universität Konstanz die Qualitätssicherung im Bereich der Forschung. Der Ausschuss entscheidet über die Vergabe von internen Forschungsgeldern an der Hochschule. Die Förderung des wissenschaftlichen Nachwuchses steht auch hier im Mittelpunkt. Durch einen Antrag können diese Gelder von der Universität für die Finanzierung von Forschungsvorhaben beantragt werden. Auch Anträge aus dem ZWN mit einer Antragssumme von über 5.000 Euro werden hier begutachtet – die eigentliche Finanzierung erfolgt in diesem Fall dann allerdings wieder aus dem Budget des ZWN und ist nicht Bestandteil des Fördervolumens des AFF.

Die Mehrzahl der Angebote zur Fort- und Weiterbildung richtet sich an Nachwuchswissen-schaftler. Die Notwendigkeit von Fort- und Weiterbildung außerhalb des eigenen fachlichen Spezialgebietes zählt nicht zum Selbstverständnis vieler Professorinnen und Professoren. Erst langsam setzt sich die Erkenntnis durch, dass Leitungs- und Managementkompetenzen erlernt werden können und sollten. In der Konsequenz werden Weiterbildungsangebote zu Lehrstuhlmanagement, Marketing und Öffentlichkeitsarbeit oder Qualitätssicherung von weniger als der Hälfte der befragten Hochschulen angeboten (vgl. Abbildung 16).

Abbildung 16: Angebote der Personalentwicklung für das Hochschulpersonal (N=32)

Quelle: Prognos AG 2007

Auch verfügen die meisten Hochschulen weder über ausreichende Personal- noch Sach-mittel, um eine systematische, qualitativ hochwertige Personalentwicklung für Wissen-schaftler und nicht-wissenschaftliches Personal anzubieten. Eine Ausnahme bildet z. B. die Universität Göttingen, die Personalentwicklung als Schwerpunkt ihrer strategischen Profilbildung betrachtet.

Stiftungsuniversität Göttingen: Optimierung des Personalmanagements als zentrale Reformstrategie

Nach der Novelle des Landeshochschulgesetzes wurde die Universität Göttingen als erste Hochschule Deutschlands am 1. Januar 2003 in die neue Rechtsform der Stiftungshochschule überführt. Die dadurch auch formal gewonnene Autonomie wird begleitet durch einen konsequenten Reformprozess, über den die neuen Handlungsspielräume für die Universität gestaltet werden sollen. Neben der Umsetzung einer neuen Struktur, die die weitgehende Autonomie der Fakultäten und die Einführung geeigneter Steuerinstrumente vorsieht, wurde die strategische Orientierung im Bereich Personalmanagement ausgebaut und innerhalb der Personalverwaltung ein eigenständiger Bereich Personalentwicklung geschaffen.

Politische Impulse und eigenständige Aktivitäten der Hochschule wirkten parallel: Entsprechend dem Personalentwicklungskonzept des Landes wurde im Jahr 2001 ein Beauftragter für Personalentwicklung benannt. Darüber hinaus hat die Universität diese Funktion qualitativ ergänzt und eine eigene Stelle für Personalentwicklung eingerichtet. Heute umfasst der Bereich Personalentwicklung an der Universität Göttingen 4,25 Mitarbeiter und verfügt über Sachmittel von jährlich ca. 100.000 Euro. Zusätzlich werden Drittmittel für bestimmte Sonderprogramme erwirtschaftet. Im Vergleich zu anderen Hochschulen ist besonders bemerkenswert, dass die Abteilung seit vier Jahren über eine eigene, fest angestellte Trainerin für Personalentwicklungsmaßnahmen verfügt und damit von externen Anbietern und Preisen unabhängig agiert.

Auch ohne formale Regelungen hat es der Bereich Personalentwicklung dabei geschafft, nicht nur bei der Besetzung von Leitungspositionen, sondern auch bei der Besetzung wissenschaftsnaher Positionen in der Universität mit seinen Empfehlungen gehört zu werden. Überfachliche Qualifikationen und strategische Interessen finden so verstärkt Eingang in diese Verfahren – die Professionalisierung der Auswahlverfahren hat dadurch deutlich zugenommen. Derzeit arbeitet die Universität an einer qualitativen Weiterentwicklung ihres Angebots: Bereits seit zwei Jahren bietet die Universität Göttingen im Rahmen ihres Aus- und Weiterbildungsprogramms auch Seminare für wissenschaftliches Personal an. Während bislang die Doktoranden die zentrale Zielgruppe bildeten, sollen zukünftig auch breitere Kreise angesprochen werden. Ziel ist außerdem, die Qualifizierungsmaßnahmen aufgrund ihrer Bedeutung für die strategische Profilbildung in stärkerem Maße zentral über die Hochschulleitung zu finanzieren.

8.4 Bewertung der unternehmerischen Potenziale

Die vorangegangenen Ausführungen zeigen, dass ein professionelles Personalmanagement an Hochschulen systematische Ansätze in den Bereichen Personalauswahl, -führung und -entwicklung umfassen sollte, um die aktuellen Defizite auszugleichen. Dabei unterliegt das Personalmanagement weiterhin den Regelungen des öffentlichen Dienstes und sollte sich aufgrund der dezentralen Verantwortlichkeiten kurzfristig auf die Bereitstellung qualitätssichernder Prozesse und Angebote der Personalentwicklung konzentrieren. Dem Benchmarking Personalmanagement liegt die Vorstellung einer Hochschule zugrunde, die

▶ Berufungen unter Einbeziehung externer Experten durchführt,

▶ vielfältige Maßnahmen der Personalentwicklung für alle Mitarbeiter bereithält,

▶ systematische Betreuungsstandards für den wissenschaftlichen Nachwuchs hat.

Die Professionalisierung des Personalmanagements durch die Hochschulleitung konzentriert sich derzeit vor allem auf die Personalauswahl (Berufungsverfahren von Professoren) und die Strukturierung der Doktorandenausbildung.

Die Kernkompetenzen Forschung und Lehre stehen im Mittelpunkt des Personalmanagements. Externe Fachexperten werden von zwei Dritteln der Hochschulen in Berufungsverfahren einbezogen; sowohl Angebot als auch Nachfrage nach fachlicher Fort- und Weiterbildung sind ausgeprägt (78 % bzw. 100 %). Management- und Führungskompetenzen werden eher vernachlässigt: Weder werden Führungs- und Managementkompetenzen bei Berufungsverfahren berücksichtigt, noch durch ein entsprechendes Angebot der Fort- und Weiterbildung systematisch entwickelt, bevor entsprechende Funktionen und Aufgaben durch Wissenschaftler übernommen werden.

Abbildung 17: Benchmark Personalmanagement

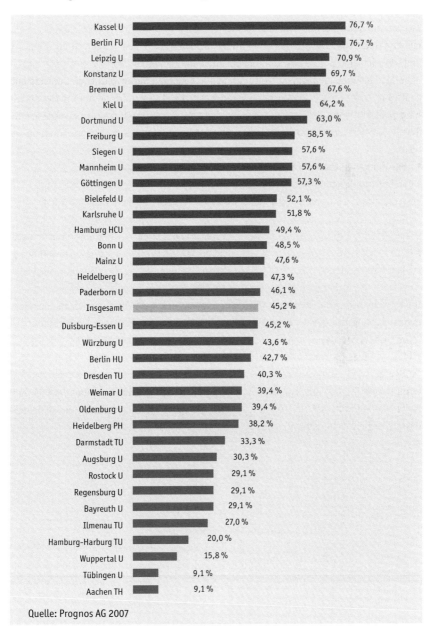

Kassel U	76,7 %
Berlin FU	76,7 %
Leipzig U	70,9 %
Konstanz U	69,7 %
Bremen U	67,6 %
Kiel U	64,2 %
Dortmund U	63,0 %
Freiburg U	58,5 %
Siegen U	57,6 %
Mannheim U	57,6 %
Göttingen U	57,3 %
Bielefeld U	52,1 %
Karlsruhe U	51,8 %
Hamburg HCU	49,4 %
Bonn U	48,5 %
Mainz U	47,6 %
Heidelberg U	47,3 %
Paderborn U	46,1 %
Insgesamt	45,2 %
Duisburg-Essen U	45,2 %
Würzburg U	43,6 %
Berlin HU	42,7 %
Dresden TU	40,3 %
Weimar U	39,4 %
Oldenburg U	39,4 %
Heidelberg PH	38,2 %
Darmstadt TU	33,3 %
Augsburg U	30,3 %
Rostock U	29,1 %
Regensburg U	29,1 %
Bayreuth U	29,1 %
Ilmenau TU	27,0 %
Hamburg-Harburg TU	20,0 %
Wuppertal U	15,8 %
Tübingen U	9,1 %
Aachen TH	9,1 %

Quelle: Prognos AG 2007

81

Derzeit laufende Modellversuche wie bspw. an der Universität Bremen werden zeigen, ob die Einbindung externer Personalberater oder Headhunter geeignete Wege zur Verbesserung der Personalauswahl sind. Ebenfalls beeinflusst wird die Personalauswahl durch die rechtlichen Rahmenbedingungen. Die Förderung autonomer Personalentscheidungen im Hinblick auf die Berufung und Besoldung von Professoren ist wünschenswert, muss jedoch von einer Einführung qualitätssichernder Prozesse begleitet werden.

Die W-Besoldung wird sich erst langsam mit dem Generationenwechsel durchsetzen: Heute haben maximal 29 % der Professoren einer Hochschule entsprechende Verträge (Universität Oldenburg). Damit werden sich leistungsorientierte Besoldungsstrukturen auch mittelfristig nicht an den Hochschulen durchsetzen, wenn nicht weitere Möglichkeiten gefunden und umgesetzt werden.

Vor dem Hintergrund des zunehmenden Fachkräftemangels wird der Wettbewerb um exzellente Forscher weiter zunehmen. Die Hochschulen stehen dann in zunehmendem Wettbewerb mit der Wirtschaft, die deutlich attraktivere Gehälter zahlen kann. Die Entscheidung für die Tätigkeit an einer Hochschule ist jedoch von weiteren Faktoren abhängig: Freiheit der Forschung, die Vernetzung mit anderen Wissenschaftlern usw. sind Rahmenbedingungen, die auch zukünftig die Hochschulen zu einem interessanten Arbeitgeber machen werden. Diese weichen „Standortfaktoren" müssen erkannt und systematisch gefördert werden.

Die Entwicklung und Förderung von Nachwuchs bleibt insgesamt unverbindlich: Nur 20 % der Hochschulen geben an, über verbindliche Standards für die Betreuung von jungen Wissenschaftlern zu verfügen. An 65 % der Hochschulen bleibt die Entscheidung zur Weiterbildung vollständig den Mitarbeitern überlassen. Lediglich an drei Hochschulen werden Mitarbeitergespräche geführt, die Fort- und Weiterbildung thematisieren. Zwei Aspekte sind für die Zukunft notwendig: Die systematische Entwicklung junger Nachwuchswissenschaftler kann durch die Schaffung von Betreuungsangeboten und die Unterstützung von Netzwerkstrukturen innerhalb und zwischen den Hochschulen, wie bspw. an der Universität Konstanz, verbessert werden. Zum anderen besteht der Bedarf, Instrumente der Personalführung für alle Hierarchiestufen einzuführen. Dies beinhaltet die Einführung von Richtlinien und Standards sowohl zur Betreuung von Doktoranden als auch zur Fort- und Weiterbildung von Juniorprofessoren oder Führungskräften der Verwaltung. Die Entwicklung von Kompetenzen z. B. im Bereich des Wissens- oder Lehrstuhlmanagements kann nur so systematisch betrieben werden.

9. Qualitätsmanagement

Instrumente zur Qualitätssicherung werden an Hochschulen seit langem diskutiert. Dennoch haben nur wenige Universitäten bisher ein umfassendes Qualitätsmanagement etabliert. Sowohl als Controllinginstrument als auch zur Sicherung und Verbesserung der universitären Leistungserbringung ist ein solches Managementsystem für eine unternehmerisch agierende Hochschule unverzichtbar und sollte eine zentrale Position im Rahmen der strategischen Steuerung der Hochschule einnehmen (HRK 2006: 11f.). Die adäquate Ausstattung mit Personal- und Sachmitteln des zentralen Qualitätsmanagements muss dementsprechend sichergestellt werden. Nur so können wirkungsvolle Instrumente zur Qualitätssicherung und -entwicklung implementiert und die Koordinationsanforderungen erfüllt werden.

Um eine umfassende Steuerung zu erreichen, sollte das Qualitätsmanagement sämtliche universitäre Leistungsebenen in den Blick nehmen. Neben Forschung und Lehre gehören dazu auch die Verwaltung sowie die zentralen Serviceeinrichtungen der Universität. Das Qualitätsmanagement sollte darüber hinaus auch die dezentralen Einheiten der Universität erreichen; das zentrale Qualitätsmanagement darf also nicht additiv neben bereits vorhandenen dezentralen Einzelaktivitäten stehen. Alle Leistungs- und Leitungsebenen der Universität sollten in den Qualitätssicherungsprozess einbezogen sein und dezentrale Aktivitäten zentral koordiniert werden. Nur wenn die gesamte Universität umfassend in das Qualitätsmanagement einbezogen wird, kann die Steuerung und Einheitlichkeit der Prozesse sichergestellt werden.

Um ein kontinuierliches Monitoring der Leistungen und Abläufe sicherzustellen und Verbesserungs- und Anpassungsprozesse wirkungsvoll durchsetzen zu können, ist eine weitere Anforderung an das zentrale Qualitätsmanagement, wirkungsvolle Verfahren zur Überprüfung der erreichten Fortschritte einzuführen. Dies setzt die regelmäßige Durchführung von Verfahren zur Messung der definierten Qualitätskriterien voraus. Besonders eignen sich hierzu Zielvereinbarungen der Hochschulleitung mit Fachbereichen und Instituten. Ziele des Qualitätsmanagementsystems können so gesteuert und geprüft werden.

Zielvereinbarungen kommen daher eine übergeordnete strategische Funktion im Rahmen des Qualitätsmanagements zu. Für die Wirkung von Evaluationen, Verfahren zur Einschätzung der eigenen Wettbewerbsposition und Instrumenten der Studierendenauswahl – als die weiteren zentralen Instrumente innerhalb des universitären Qualitätsmanagements – spielen sie eine zentrale Rolle.

9.1 Entwicklung des Qualitätsmanagements

Von den befragen Hochschulen gaben nur knapp 10 % an, über kein zentrales Qualitätsmanagement verfügen. Die zentralen Stellen verfügten dabei im Jahr 2005 über durchschnittlich 1,2 Personalstellen (in VZÄ) und ein Budget von 98.000 €. Im Jahr 2004 betrug die durchschnittliche Anzahl der Personalstellen im zentralen Qualitätsmanagement
noch 0,8 Stellen (in VZÄ), die durchschnittliche Ausstattung mit Sachmitteln betrug
30.000 € (vgl. Abbildung 18). Im Vergleich zum Jahr 2004 sind damit sowohl Personal-
als auch Sachmittel deutlich gestiegen: Für die Personalmittel ist ein Anstieg um knapp
zwei Drittel zu verzeichnen. Auch die zur Verfügung stehenden Sachmittel nahmen um
ein Drittel zu. Spitzenwerte hinsichtlich der personellen und finanziellen Ausstattung in
diesem Bereich erreichen die Universitäten Duisburg-Essen und Siegen: Mit 11,5 Mitarbeiterstellen beschäftigt die Universität Duisburg-Essen mit Abstand das meiste Personal, die meisten Sachmittel stellt die Universität Siegen mit 1,8 Mio. € bereit.

Abbildung 18: Ausstattung des zentralen Qualitätsmanagements (N=32)

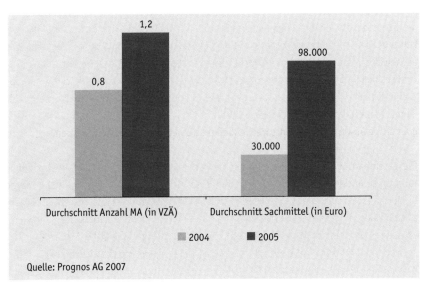

Quelle: Prognos AG 2007

Diese Spitzenwerte täuschen allerdings nicht darüber hinweg, dass die personelle und finanzielle Ausstattung des zentralen Qualitätsmanagements der Universitäten im Durchschnitt noch gering ist. Es ist fraglich, ob wirkungsvolle Maßnahmen der Qualitätssicherung vor diesem Hintergrund in ausreichendem Maße umsetzbar sind. Positiv fällt jedoch das Wachstum auf, das die Befragungsergebnisse erkennen lassen und das auf die zunehmende Bedeutung des zentralen Qualitätsmanagements schließen lässt. Der Vergleich der durchschnittlichen Ausstattung der Hochschulen mit den Budgets der Universitäten Duisburg-Essen und Siegen zeigt, welche Entwicklungspotenziale im Bereich des zentralen Qualitätsmanagement noch bestehen und welche unterschiedliche Bedeutung dem zentralen Qualitätsmanagement an einzelnen Hochschulen noch zugeordnet wird.

9.2 Instrumente des Qualitätsmanagements

9.2.1 Zielvereinbarungen

Um ein wirkungsvolles Qualitätssicherungssystem zu etablieren, sind Zielvereinbarungen mit die wichtigsten Steuerungsinstrumente. Sie stehen für einen Paradigmenwechsel innerhalb des Hochschulmanagements und artikulieren ein neues Verhältnis der einzelnen Leitungsebenen: Operative Verantwortung wird dezentralisiert und Autonomiespielräume ausgeweitet. Über die dadurch möglichen Effizienz- und Effektivitätsgewinne hinaus sind Zielvereinbarungen im Rahmen des Qualitätsmanagements auch entscheidend, weil über sie das Erreichen von Entwicklungs- und Qualitätszielen gesteuert und kontrolliert werden kann. Qualitätsmanagementprozesse können so abgesichert und überprüft sowie die regelmäßige Anwendung der entsprechenden Instrumente sichergestellt werden.

Die Vereinbarung von Zielvereinbarungen zwischen Landesregierung und Hochschulleitung ist einer der großen Entwicklungstrends der Hochschulgesetzgebung. Alle Bundesländer haben inzwischen solche Verträge mit den Hochschulen abgeschlossen; in nahezu allen Ländern ist diese Form der Kooperation auch gesetzlich festgelegt. Dieselbe Tendenz ist auch in den Hochschulen erkennbar: Die Befragung zeigt, dass 84 % der Hochschulen Zielvereinbarungen zwischen der Hochschulleitung und den Fachbereichen etabliert haben. Auf den anderen Leitungsebenen sind die Anteile etwas geringer: 47 % der Hochschulen schließen Zielvereinbarungen mit ihren Verwaltungsmitarbeitern ab, 38 % der Hochschulen haben Zielvereinbarungen zwischen den Fachbereichsleitungen und den einzelnen Mitarbeitern vereinbart.

Diese Ergebnisse zeigen, dass die Bedeutung von Zielvereinbarungen für die Steuerung und Sicherung universitärer Leistungserbringung bereits erkannt wurde, auch wenn auf den dezentralen Ebenen durchaus noch Entwicklungspotenziale erkennbar sind. Wenn Qualitätssicherung und -entwicklung auf die umfassende Steuerung – gerade auch der dezentralen Prozesse – zielen, dann sollte eine unternehmerisch handelnde Hochschule über Zielvereinbarungen auch auf den dezentralen Ebenen die Wirkung der Prozesse sicherstellen. Nicht nur die Qualitätsstandards der Hochschule können so wirkungsvoll erreicht werden, durch größere Autonomiespielräume der dezentralen Ebenen kann auch die Effektivität und Effizienz der Prozesse erhöht werden.

9.2.2 Evaluationen

Für die befragten Hochschulen sind Evaluationen die am häufigsten genutzten Instrumente innerhalb des zentralen Qualitätsmanagements – nach der Akkreditierung von Bachelor- und Masterstudiengängen. Dabei stellen interne Evaluationen und die Selbstevaluation, ergänzt durch die Einschätzung von Peers, die häufigsten Instrumente dar. Externe Evaluationen werden von weniger als der Hälfte der befragten Hochschulen regelmäßig durchgeführt (vgl. Abbildung 19). 16% der Hochschulen gaben an, Evaluationen außerhalb der Akkreditierung von Bachelor- und Masterstudiengängen in keiner Form durchzuführen. Zertifizierte Qualitätsmanagementsysteme (ISO 9000 oder EFQM) spielen für die Universitäten keine Rolle; keine der Hochschulen gab an, ein solches Qualitätsmanagementsystem implementiert zu haben.

Abbildung 19: Instrumente des zentralen Qualitätsmanagements, die fachübergreifend für die gesamte Hochschule durchgeführt werden (N=32)

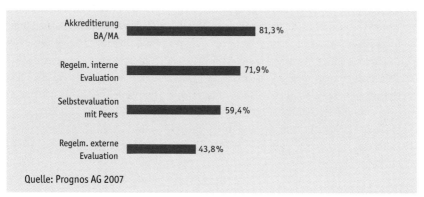

Quelle: Prognos AG 2007

Gegenstand der Evaluationen sind in der Regel Lehrleistungen der einzelnen Fachbereiche und Institute sowie aufgrund relativ unumstrittener Indikatoren häufig auch deren Forschungsleistungen. Die Universitätsverwaltung sowie die zentralen Serviceeinrichtungen als weitere Säulen universitärer Leistungserbringung geraten selten in den Blick des zentralen Qualitätsmanagements.

Dieses Ergebnis offenbart von zwei Seiten Entwicklungspotenziale für die Hochschulen: Zum einen sollten externe Evaluationen häufiger als bisher genutzt werden. Während sich interne Evaluationen und Selbstevaluationen in der Regel durch eine hohe Akzeptanz bei den Beteiligten und eine hohe Kooperationsbereitschaft für die Durchführung auszeichnen, ist das wichtige Ziel der Rechenschaftslegung sehr viel besser über externe Evaluationen zu erreichen. Durch den „Blick von außen" kann die Objektivität des Verfahrens gesteigert werden.

Zum anderen offenbaren sich Defizite im Bezug auf die oben skizzierten Anforderungen an eine unternehmerisch handelnde Hochschule. Über die Ausblendung der zentralen Serviceeinrichtungen und der Verwaltung innerhalb der meisten Evaluationen werden wichtige Leistungsbereiche der Universität im Rahmen der Qualitätssicherung und -entwicklung nicht ausreichend beachtet. In eine zentral gesteuerte Profilbildungs- und Modernisierungsstrategie können sie daher kaum einbezogen werden.

Positiv fällt der Trend zum Zusammenschluss zu (internationalen) Evaluationsverbünden auf, wie bspw. der Zusammenschluss der Universitäten Darmstadt, Kaiserslautern und Karlsruhe unter Leitung der ETH Zürich. Der Mehrwert solcher Zusammenschlüsse ist dabei, die Vorteile interner Evaluationen mit denen externer Evaluationen zu verbinden: Über die enge Kooperation und die gegenseitige Zusicherung von Vertraulichkeit können Vertrauensräume entstehen, die einen tiefen Einblick in die jeweiligen Arbeits- und Organisationsstrukturen möglich machen, ohne gleichzeitig die Objektivität eines externen Blicks aufgeben zu müssen. Damit erhöht sich nicht nur die Qualität, Reichweite und die Vergleichbarkeit der Ergebnisse, sondern eines der größten Hindernisse ad hoc und lose durchgeführter externer Evaluationen kann so überwunden werden.

Universität Mainz: Professionelles Qualitätsmanagement durch das Zentrum für Qualitätssicherung und -entwicklung

Vorbildlich institutionalisiert ist der Bereich Qualitätsmanagement an der Universität Mainz im Zentrum für Qualitätssicherung und -entwicklung (ZQ). Entstanden aus einzelnen, durch Landesmittel finanzierten Qualitätssicherungsprojekten, wurde das ZQ 1999 – zunächst befristet auf fünf Jahre – von der Hochschulleitung als zentrale Einrichtung eingerichtet und ist heute an der Universität fest etabliert.

Die Koordination und Durchführung von Evaluierungen für den gesamten Bereich universitärer Leistungserbringung (Lehre, Forschung, Verwaltung, zentrale Einrichtungen) bildet dabei den zentralen Aufgabenbereich der Einrichtung. Auch andere Hochschulen gehören zu den Kunden. Den zweiten Tätigkeitsschwerpunkt bildet die Weiterentwicklung der eingesetzten Evaluationsinstrumente. Seit 1993 ist auch die Geschäftsstelle des Hochschulevaluierungsverbundes Süd-West am ZQ angesiedelt. In diesem Rahmen betreut das ZQ die Qualitätssicherung an 15 weiteren in diesem Verbund zusammengeschlossenen Hochschulen.

Das ZQ ist mit insgesamt 8 Mitarbeiterstellen ausgestattet und verfügt über ein jährliches Gesamtbudget von ca. 500.000 Euro (inkl. der Personalstellen). Die Hälfte dieses Budgets stellt die Universität Mainz mit drei voll finanzierten Mitarbeiterstellen sowie weiteren 20.000 Euro. Die andere Hälfte wird durch die Universitäten des Evaluierungsverbundes und über projektbezogene Drittmittel finanziert. Die Kosten für die Durchführung der Evaluierungen übernehmen die Fachbereiche bzw. Universitäten als Auftraggeber. Insgesamt arbeitet das ZQ in dieser Form kostendeckend, eine Steigerung der Einnahmen und damit die Ausweitung der strategisch-unternehmerischen Elemente ist trotz der guten institutionellen Voraussetzungen bislang nicht angestrebt.

Mit dem Mainzer Evaluationsmodell wurde am ZQ ein Instrument zur Qualitätssicherung entwickelt, das sich vor allem durch seine methodische Stringenz sowie durch seine breite Anwendung auf die Bereiche Lehre, Forschung, Verwaltungsprozesse und Serviceeinrichtungen auszeichnet. Die wissenschaftliche Ausrichtung des ZQ erweist sich hier als weiterer Vorteil: Das vertiefte Verständnis für universitäre Abläufe bei den Evaluatoren erhöht aufseiten der evaluierten Fachbereiche die Akzeptanz der durchgeführten Maßnahmen. Die Verbindlichkeit der durchgeführten Evaluationen ist allerdings eingeschränkt. Die Evaluationsergebnisse gehen zwar mit konkreten Maßnahmen, Zeitvorgaben und Verantwortlichkeiten in die Zielvereinbarungen der jeweiligen Fachbereiche ein. Das Anreizsystem sieht dabei jedoch lediglich Incentives vor, negative Auswirkungen auf die indikatorgesteuerte Mittelvergabe gibt es nicht. Der Turnus der Fachbereichs-Evaluationen ist letztendlich nicht verbindlich festgelegt, angestrebt wird die regelmäßige Evaluation jedes Fachbereichs.

9.3 Studierendenauswahl

Im Zuge der Qualitätssicherung und -entwicklung der Hochschulen kommt auch der Studierendenauswahl eine zunehmende Bedeutung zu. Sahen Hochschulen die Qualität und Leistung der Studierenden bisher als externen Einflussfaktor, so werden für die Profilbildung und strategische Ausrichtung der Hochschulen Instrumente der Studierendenauswahl immer wichtiger. Die Differenzierung des Studienangebots kann so vorangetrieben und das Profil der Hochschule geschärft werden. Indem die Hochschulen bestehende Spielräume bei der Studierendenauswahl nutzen, kann auch die Zahl der Studienabbrecher verringert sowie die Zahl der Abschlüsse in Regelstudienzeit erhöht werden. Die Leistungsfähigkeit der Hochschule insgesamt nimmt dadurch zu.

Die Untersuchung zeigt, dass in diesem Bereich der Bewusstseinswandel an den Hochschulen schon relativ weit fortgeschritten ist. Auch über die Abiturnote hinaus werden von fast allen Hochschulen Instrumente der Studierendenauswahl, wie beispielsweise fachspezifische Tests, Motivationsschreiben und Auswahlgespräche genutzt (vgl. Abbildung 20).

Abbildung 20: Einsatz von Instrumenten zur Studierendenauswahl (N=32)

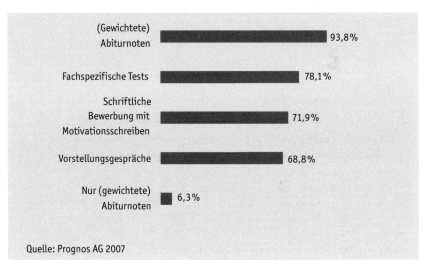

Quelle: Prognos AG 2007

9.4 Bewertung der unternehmerischen Potenziale

Die vorangegangenen Ausführungen zeigen, dass die erfolgreiche Implementierung und Umsetzung eines zentralen Qualitätsmanagementsystems an zentralen Anforderungen ansetzt: Dem Benchmark im Bereich Qualitätsmanagement liegt die Vorstellung einer Hochschule zugrunde, die

▶ ihr Qualitätsmanagement zentral organisiert und mit den benötigten Ressourcen ausstattet,

▶ regelmäßige Evaluationen (auch über die Bereiche Lehre und Forschung hinaus) durchführt und Modernisierungsprozesse verbindlich über Zielvereinbarungen sicherstellt,

▶ Zielvereinbarungen auf allen Ebenen als zentrales Instrument der internen Steuerung und Qualitätssicherung nutzt und

▶ eine interne gezielte Studierendenauswahl als entscheidendes Mittel zur Qualitätssicherung und damit auch zur Profilschärfung begreift.

Abbildung 21: Benchmark Qualitätsmanagement

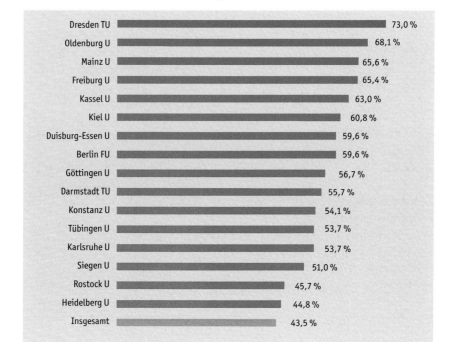

Dresden TU	73,0 %
Oldenburg U	68,1 %
Mainz U	65,6 %
Freiburg U	65,4 %
Kassel U	63,0 %
Kiel U	60,8 %
Duisburg-Essen U	59,6 %
Berlin FU	59,6 %
Göttingen U	56,7 %
Darmstadt TU	55,7 %
Konstanz U	54,1 %
Tübingen U	53,7 %
Karlsruhe U	53,7 %
Siegen U	51,0 %
Rostock U	45,7 %
Heidelberg U	44,8 %
Insgesamt	43,5 %

Abbildung 21: Benchmark Qualitätsmanagement (Fortsetzung)

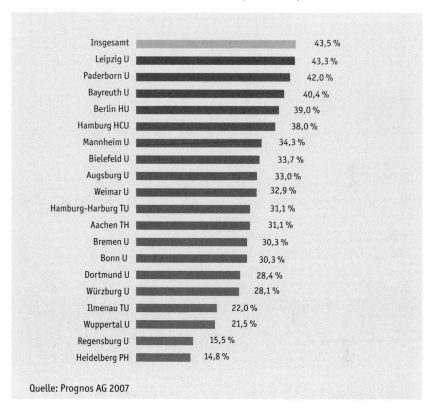

Insgesamt	43,5 %
Leipzig U	43,3 %
Paderborn U	42,0 %
Bayreuth U	40,4 %
Berlin HU	39,0 %
Hamburg HCU	38,0 %
Mannheim U	34,3 %
Bielefeld U	33,7 %
Augsburg U	33,0 %
Weimar U	32,9 %
Hamburg-Harburg TU	31,1 %
Aachen TH	31,1 %
Bremen U	30,3 %
Bonn U	30,3 %
Dortmund U	28,4 %
Würzburg U	28,1 %
Ilmenau TU	22,0 %
Wuppertal U	21,5 %
Regensburg U	15,5 %
Heidelberg PH	14,8 %

Quelle: Prognos AG 2007

Fazit

Die Untersuchung zeigt, dass obwohl die meisten Universitäten inzwischen eine zentrale Stelle für das zentrale Qualitätsmanagement eingerichtet haben, deren personelle und finanzielle Ausstattung in den meisten Fällen noch relativ gering ist. Um die Handlungsfähigkeit und Wirkungsmächtigkeit der Instrumente und Stellen sicherzustellen, sind noch deutliche Verbesserungen nötig. Darüber hinaus wird aus den vorherigen Ausführungen jedoch auch deutlich, dass sich die Universitäten im Bereich des strategischen und zentral gesteuerten Qualitätsmanagements bereits auf den Weg gemacht haben, seine Bedeutung personell und finanziell zunimmt und die Universitäten bereits vielfältige Instrument zur Qualitätssicherung und -entwicklung nutzen:

▶ Evaluationen als zentrales Instrument des Qualitätsmanagements sind bereits weit verbreitet, auch wenn der Anteil externer Evaluationen noch weiter ausgeweitet werden könnte. Der Trend zum Zusammenschluss in Evaluationsverbünden könnte dieses bestehende Defizit mittelfristig kompensieren.

▶ An der weiten Verbreitung von Instrumenten der Studierendenauswahl wird deutlich, dass die Hochschulen in diesen Bereichen die Notwendigkeit zur Profilbildung und strategischen Positionierung bereits verinnerlicht haben.

Die regelmäßige Anwendung und Verbindlichkeit der einzelnen Qualitätssicherungsinstrumente ist noch ausbaufähig. Dies zeigt auch das Beispiel der Universität Mainz: Trotz sehr guter institutioneller Voraussetzungen und der Festschreibung von Verbesserungszielen im Rahmen von Zielvereinbarungen, ist die Verbindlichkeit der Modernisierungsprozesse durchaus noch ausbaubar. Zielvereinbarungen zwischen allen Hierarchie- und Organisationsebenen sollten noch stärker dazu genutzt werden, die Wirkung und Nachhaltigkeit des Qualitätsmanagements zu erhöhen. Auch werden Verwaltung und zentrale Serviceeinrichtungen noch zu selten in die entsprechenden Qualitätssicherungsprozesse einbezogen.

Damit steht die Universität Mainz exemplarisch für die Situation des Qualitätsmanagements an deutschen Hochschulen. Erste, teilweise sehr gute Ansätze sind an fast allen Hochschulen vorhanden, die Bedeutung der einzelnen Qualitätssicherungsinstrumente wurde in vielen Fällen erkannt. Dennoch müssen die Universitäten noch den Beweis antreten, dass diese Instrumente systematisch für das Qualitätsmanagement und damit die strategische Positionierung der Hochschulen genutzt werden. Bestehende Entwicklungspotenziale sollten konsequent aufgegriffen und damit das Qualitätsmanagement weiter professionalisiert und verbessert werden.

10. Serviceorientierung

Der sich im Zuge der Globalisierung verschärfende internationale Wettbewerb und die Notwendigkeit lebenslangen Lernens stellen die Hochschulen vor neue Herausforderungen. Die Hochschule kann sich nicht mehr unabhängig von anderen Bildungsinstitutionen begreifen, sondern steht in breiter Konkurrenz unterschiedlicher Lehr- und Lernformen verschiedener öffentlicher und privater Anbieter. Der Wettbewerb im Hochschulbereich schließt zunehmend auch die Lehrleistungen und Studienangebote mit ein. Hochschulen konkurrieren um die besten Studienanfänger und Studierenden, wissenschaftliches Personal mit hoher Reputation und um die aussichtsreichsten Arbeitsplätze für ihre Absolventen. Gerade vor dem Hintergrund der Einführung von Studiengebühren brauchen Hochschulen ein neues Grundverständnis: Studierende verstehen sich mehr denn je als „zahlende Kunden" – sie erwarten eine Gegenleistung für die Kosten, die das Studium verursacht.

Die Studierendenbefragung zeigt, dass die Einführung von Studiengebühren bei den Studierenden zwar auf Ablehnung stößt, rund ein Drittel jedoch nicht prinzipiell dagegen ist und sich entweder für die Einführung ausspricht oder zumindest unentschieden ist. Die deutliche Mehrheit (93 %) aller Studierenden ist der Ansicht, dass die Studiengebühren als erwirtschaftete Mittel den Hochschulen unmittelbar zur Verfügung gestellt werden und insbesondere für die Verbesserung der Lehre eingesetzt werden sollten. Die Studierenden erwarten eine quantitative und qualitative Verbesserung der Betreuungsstandards an ihrer Hochschule und der Serviceorientierung. Insbesondere Beratungsangebote zu Studium und Beruf können die Zufriedenheit der Studierenden deutlich erhöhen. Für Hochschulen bilden diese Faktoren zugleich die wichtigsten Stellschrauben im Wettbewerb um Studierende zur Erhöhung der Zufriedenheit und der Kundenbindung.

Abbildung 22: Studierendenbefragung – Akzeptanz von Studiengebühren (N=1007)

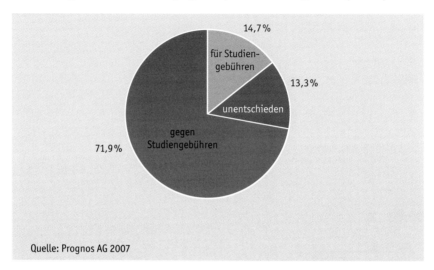

Quelle: Prognos AG 2007

Dass Zusatzleistungen für Studierende eine wichtige Bedeutung haben wird deutlich, wenn man Merkmale vergleicht, welche die Auswahl der Hochschule beeinflussen. So ist für die befragten Studierenden die Attraktivität des Studienortes bzw. die Nähe zum Elternhaus erwartungsgemäß bedeutend, jedoch ist das wichtigste Kriterium für die Wahl der Hochschule die Qualität des Lehrangebotes. Abbildung 23 zeigt, dass sich die Bedeutsamkeit einzelner Merkmale im Verlauf des Studiums verändert. Sind Serviceorientierung, die Bereitstellung von Kontakten zu Unternehmen oder der Betreuungsstandard einer Hochschule bei der Entscheidung für/oder gegen eine Universität zunächst von geringer Bedeutung, so ändert sich das Bild mit dem Verlauf des Studiums. Von den Befragten werden insbesondere Angebote für wichtig erachtet, die unmittelbar mit dem beruflichen Werdegang in Verbindung stehen: Die Verbindung von Theorie und Praxis durch Kontakte zu Unternehmen wird deutlich wichtiger. Auch die Dienstleistungsangebote bzw. die Serviceorientierung der Hochschule gewinnen für Studierende erst im Verlauf des Studiums an Bedeutung.

Abbildung 23: Studierendenbefragung – Kriterien für die Wahl der Hochschule (N=1007)

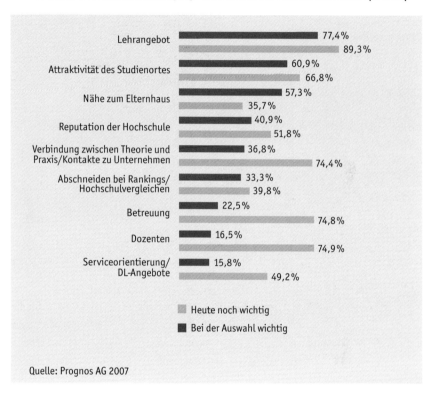

Quelle: Prognos AG 2007

Kürzer werdende Studienkarrieren erfordern den reibungslosen Ablauf administrativer Prozesse. Es ist zu erwarten, dass Studierende zukünftig vermehrt solche Dienstleistungen und Serviceangebote nachfragen werden, die den effizienten und effektiven Studienverlauf unterstützen. Die Befragung zeigt, dass Studierende an deutschen Hochschulen insgesamt mit ihrer Hochschule zufrieden sind. Die größten Defizite werden bei der Serviceorientierung der Hochschulen wahrgenommen.

Abbildung 24: Studierendenbefragung – derzeitige Zufriedenheit mit Angeboten der eigenen Hochschule (N=1007)

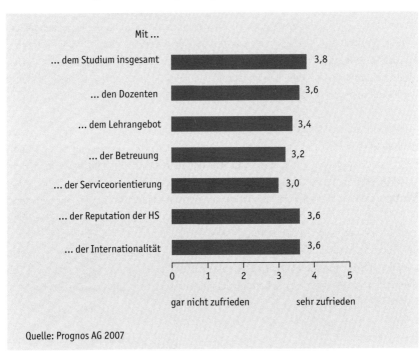

Quelle: Prognos AG 2007

10.1. Angebote zur Gestaltung des Übergangs Schule-Hochschule

Über eine Intensivierung ihrer Schulkontakte bzw. Kontakte zu Schülern erhalten die Hochschulen die Möglichkeit, begabte und motivierte Schüler frühzeitig an sich zu binden. Bereits in der Vorphase des Studieneintritts ermöglichen die Hochschulen interessierten Schülern einen positiven Zugang zur universitären Ausbildung und können zugleich selbst diejenigen Studienbewerber anwerben bzw. auswählen, die voraussichtlich von einem Studienangebot den besten Gebrauch machen und dafür die geeigneten Kenntnisse und das Interesse erkennen lassen.

Es liegt außerdem im Interesse der Hochschulen, den Übergang von der Schule an die Hochschule reibungslos zu gestalten. Derzeit brechen viele Studentinnen und Studenten ihr Studium vorzeitig ab. Die Abbruchquoten einzelner Fächer reichen bis zu einem Drittel und werden von den Studierenden vor allem mit unzureichenden Studienbedingungen begründet. Weitere Studierende gehen aufgrund von Wechseln in andere Studienfächer bzw. Hochschulen verloren. Diese sogenannte Schwundquote kann je nach Fach an den Universitäten bis zu 45 % der Studierenden ausmachen (HIS 2002) und ist vor allem auf Motive zurückzuführen, die der beruflichen Neuorientierung zuzuordnen sind (HIS 2003).

Es ist davon auszugehen, dass über eine gezielte Beratung der Schüler bzw. Studienanfänger bei der Auswahl ihres Studienfaches und die Ausweitung von Beratungsangeboten im Verlauf des Studiums die Abbrecher- und Schwundquoten deutlich reduziert werden könnten. Dies wird für die Hochschulen insofern bedeutsam, als dass Absolventenquoten immer häufiger die Grundlage für Zielvereinbarungen und damit für Mittelzuweisungen werden.

Viele der befragten Hochschulen sind bereits aktiv auf diesem Feld: Nicht nur die Öffnung der Hochschule für Interessierte durch eine entsprechende Öffentlichkeitsarbeit wie ein „Tag der offenen Tür", sondern insbesondere auch die konkrete Unterstützung bei der Studienwahl durch ein spezifisches Beratungsangebot führen heute nahezu alle Universitäten durch.

Dabei kann das Interesse für die Universität bzw. die dort angebotenen Fächer bereits frühzeitig bei Schülern geweckt werden. Über die Teilnahme an universitären Veranstaltungen können die Schüler nicht nur den Alltag an einer Hochschule erfahren, sondern insbesondere auch die Lerninhalte einzelner Fächer vermittelt bekommen. Veranstaltungen wie Sommeruniversitäten für Schüler richten über drei Viertel der Universitäten aus. Über den Erwerb von Leistungsnachweisen für überdurchschnittlich begabte Schüler kann zudem zu einem frühen Zeitpunkt eine noch stärkere Bindung zwischen Hochschule und zukünftigem „Kunden" hergestellt werden. Dieses Angebot stellen immerhin knapp zwei Drittel aller befragten Hochschulen bereit.

Abbildung 25: Dienstleistungsangebot der Hochschulen für Schüler (N=32)

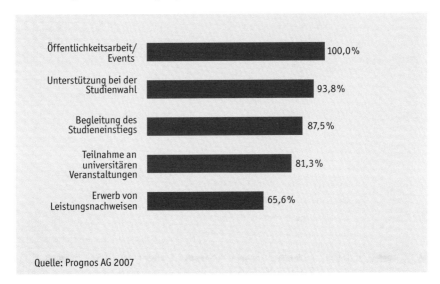

Quelle: Prognos AG 2007

Auch aus Studierendensicht ist die gezielte Ansprache von Schülern wichtig. Dabei spielen die Beratungs- und Mentoringangebote bei der Unterstützung von Studienwahl und Studieneinstieg eine größere Rolle, als die Teilnahme an universitären Veranstaltungen.

10.2 Serviceangebote für Studierende und Mitarbeiter

Die Bedürfnisse von Studierenden nach einem umfassenden Serviceangebot werden heute nur eingeschränkt befriedigt: Mit dem derzeitigen Dienstleistungsangebot sind sie nicht zufrieden. Dabei bemühen sich die Hochschulen bereits heute mit vielfältigen Serviceangeboten um die Studierenden. Über Kindergärten, Hochschulkontaktmessen, Wireless Lan, Career Center und E-learning-Angebote verfügt bereits die Mehrheit der befragten Hochschulen.

Abbildung 26: Angebot an Dienstleistungen in zentralen Servicebereichen (N=32)

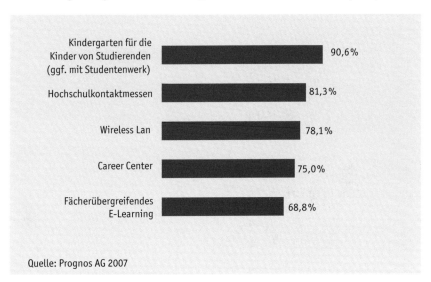

Quelle: Prognos AG 2007

Für Studierende ist insbesondere eine moderne IT-Ausstattung wichtig: W-Lan auf dem Hochschulgelände wird von drei Vierteln als wichtig oder sehr wichtig eingestuft. E-learning-Angebote und die Möglichkeit, sich online um Studienplätze zu bewerben werden ebenfalls von den Studierenden erwartet. Die Verfügbarkeit von Online-Services zentraler Hochschuleinrichtungen wie bspw. der Universitätsbibliothek (Online-Literaturbestellung) oder der Studienberatung (Online-Beratung) findet noch ein Drittel der Studierenden wichtig.

Abbildung 27: Studierendenbefragung – Wichtigkeit informationstechnischer Angebote (N=1007)

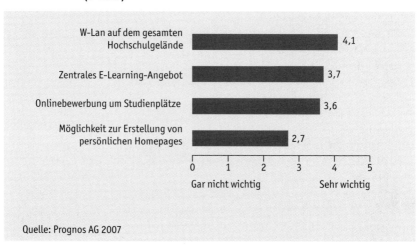

Quelle: Prognos AG 2007

Zahlreiche Universitäten bemühen sich bereits um die Ausweitung ihrer Serviceangebote in diesem Bereich. Die befragten Universitäten bieten zu 81,3 % die Möglichkeit zur Onlinebewerbung um Studienplätze, zu 75 % eine Online-Studienberatung und zu 62,5 % eine Online-Praktikums- bzw. -Jobbörse an.

Durch erweiterte Öffnungszeiten soll der Zugang zu zentralen Einrichtungen wie Bibliotheken, Studienberatung etc. verbessert werden. So öffnen Universitätsbibliotheken wie in Karlsruhe bereits 24 h an sieben Tagen der Woche (auch Konstanz: 139 Stunden/Woche; Oldenburg: 128 Stunden/Woche und Bielefeld: 111 Stunden/Woche). Defizite gibt es bei den Einrichtungen zur Studienplanung und -organisation, denn nur jeweils rund 30 % der Universitäten öffnen ihre Studienberatung und ihr Immatrikulationsbüro länger als 20 Stunden in der Woche. Bei fünf Werktagen bedeutet das eine maximale Erreichbarkeit von vier Stunden pro Tag – häufig weniger. Über die Ausweitung des Online-Angebots werden diese Defizite zumindest teilweise kompensiert, jedoch können diese Angebote noch weiter ausgebaut und „kundenfreundlicher" gestaltet werden. Auch werden die Immatrikulationsbüros häufig den Stoßzeiten z.B. zu Semesterbeginn angepasst: So erweitert bspw. die FU Berlin ihre Immatrikulationszeiten zu Semesterbeginn und reduziert sie entsprechend im Verlaufe des Semesters.

Universität Mainz und TU Ilmenau: Studierende im Mittelpunkt der Serviceorientierung

Besonders innovativ in der Studierendenbetreuung zeigt sich die Universität Mainz: Seit 2004 hat Mainz eine Hotline für Studierendenanfragen geschaltet, durch die etwa 80% aller Anfragen abgefangen werden können. Die Hotline ist zur Entlastung des Verwaltungspersonals mit studentischen Hilfskräften besetzt, den eigentlichen Sachbearbeitern verbleiben mehr Ressourcen für ihre jeweiligen Schwerpunktaufgaben.

Ein weiteres erfolgreiches Beispiel für die Vernetzung zwischen einzelnen Beratungsangeboten innerhalb der Hochschule ist die TU Ilmenau. Seit 2005 werden die Serviceangebote der Universität über das „Akademische Service Center" durch vier Mitarbeiter zentral gesteuert und koordiniert. Die beiden Bereiche Akademisches Service Center (ASC) und Marketing bündeln heute das Serviceangebot der Hochschule: Die vier Mitarbeiter bearbeiten die Bereiche Zentrale Studien- und Studentenberatung, Studentensekretariat/Internationales Studentensekretariat, die Absolventenbetreuung/Alumni, das Akademische Auslandsamt/Internationale Beziehungen aber auch Aufgaben der Weiterbildung, der Kommunikation wie die Pressestelle/Öffentlichkeitsarbeit, die Kongressorganisation, das Leonardo-Büro Thüringen und das Universitätsarchiv.

Auch wissenschaftlichen Mitarbeitern werden Serviceangebote zur Verfügung gestellt. Dabei geht es vor allem um die Unterstützung bei der Administration von Forschungsvorhaben und bei der Akquisition von Drittmitteln. Das aktuelle Serviceangebot der Hochschulen reicht von der Bereitstellung eines Informationssystems zu aktuellen Ausschreibungen (87,5%), über die Unterstützung bei der Drittmittelanwerbung (96,6%) und die Beratung bei Patent- und Lizenzrechtsfragen (96,9%) bis hin zur Hilfe bei der Know-how-Vermarktung (93,6%). Weniger verbreitet ist dagegen die Unterstützung und Beratung bei der internationalen Profilierung bspw. durch die Bereitstellung von Übersetzungsdiensten: Nicht einmal ein Drittel der befragten Universitäten stellt ein derartiges Angebot für ihr wissenschaftliches Personal bereit.

10.3 Angebote zur Unterstützung des Übergangs Hochschule-Beruf

Unterstützung bieten die Hochschulen mittlerweile auch bei der Gestaltung des Übergangs von der Hochschule in den Beruf. So bietet heute ein Großteil der Universitäten die gezielte Förderung von Absolventen durch sogenannte Career Center an. Über die Vermittlung von Zusatz- und Schlüsselqualifikationen, die Beratung zu Berufsmöglichkeiten von Hochschulabsolventen und insbesondere auch durch die Vermittlung zielgerichteter Kontakte zu Unternehmen als potenziellen Arbeitgebern werden Studierende und Absolventen bei ihrem Berufseinstieg unterstützt. Über ein Career Center verfügt mit 75 % bereits die Mehrheit der befragten Hochschulen, knapp 82 % vermitteln ihren Studierenden Kontakte zur Wirtschaft.

Abbildung 28: Angebot an Dienstleistungen für den Übergang zwischen Hochschule und Beruf (N=32)

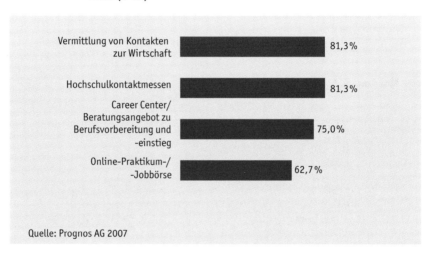

Quelle: Prognos AG 2007

Mit diesen Angeboten reagieren die Hochschulen auf die zunehmenden Ansprüche der Studierenden, eine zielgerichtete Unterstützung beim Übergang in die Beschäftigung zu erhalten. Mehr als 80 % der Studierenden halten ein Beratungsangebot zu Berufsvorbereitung und -einstieg sowie die Vermittlung von Kontakten zur Wirtschaft für wichtig bzw. sehr wichtig. Immerhin knapp zwei Drittel der Studierenden messen z. B. einer Hochschulkontaktmesse eine hohe Bedeutung zu.

10.4 Bewertung der unternehmerischen Potenziale

Dem Benchmark im Bereich Serviceorientierung liegt die Vorstellung einer Hochschule zugrunde, die

▶ Dienstleistungen für die reibungslose Gestaltung des Übergangs Schule-Hochschule anbietet,

▶ Studierenden neben Kernleistungen in Forschung und Lehre auch Zusatzleistungen für die Karriereplanung bietet,

▶ die Erreichbarkeit ihrer zentralen Einrichtungen ausweitet und durch Online-Angebote ergänzt,

▶ eine IT-Infrastruktur auf dem neuesten Stand bereithält,

▶ für Wissenschaftler flankierende und fördernde Angebote bereithält.

Abbildung 29: Benchmark Serviceorientierung

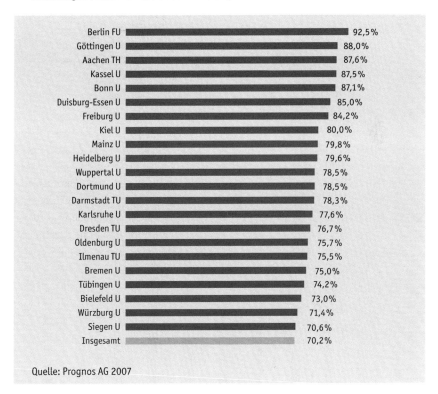

Berlin FU	92,5%
Göttingen U	88,0%
Aachen TH	87,6%
Kassel U	87,5%
Bonn U	87,1%
Duisburg-Essen U	85,0%
Freiburg U	84,2%
Kiel U	80,0%
Mainz U	79,8%
Heidelberg U	79,6%
Wuppertal U	78,5%
Dortmund U	78,5%
Darmstadt TU	78,3%
Karlsruhe U	77,6%
Dresden TU	76,7%
Oldenburg U	75,7%
Ilmenau TU	75,5%
Bremen U	75,0%
Tübingen U	74,2%
Bielefeld U	73,0%
Würzburg U	71,4%
Siegen U	70,6%
Insgesamt	70,2%

Quelle: Prognos AG 2007

Abbildung 29: Benchmark Serviceorientierung (Fortsetzung)

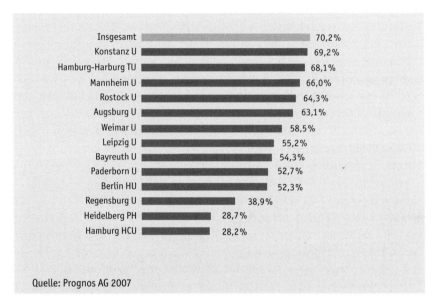

Quelle: Prognos AG 2007

Ein durchschnittlicher Benchmark-Wert von fast 70 % zeigt, dass der Ausbau von Service-angeboten an den Universitäten bereits weit fortgeschritten ist. Nur wenige Hochschulen bleiben bei Werten unter 50 %. Die Hochschulen bauen ihr Angebot an flankierenden Zusatzleistungen aus und steigern die Servicequalität ihrer zentralen Einrichtungen. An allen Universitäten wird Service nicht nur für die Gruppe der Studierenden und Wissenschaftler, sondern auch für Schüler und Unternehmen bereitgestellt.

Der Blick in die Hochschullandschaft zeigt also eine erhebliche Bandbreite an unterschiedlichen Dienstleistungen. Einschränkend sollte jedoch berücksichtigt werden, dass die Breite des Angebots noch keine Aussage über deren professionelle Organisation und Qualität zulässt. Während bspw. Angebote wie die Hochschulkontaktmessen an nahezu allen Hochschulen unter Einbezug externer Sponsoringpartner regelmäßig durchgeführt und im Regelfall von zahlreichen Studierenden wahrgenommen werden, lässt sich der Wirkungsgrad der Angebote zur beruflichen Beratung kaum feststellen. Einrichtungen wie die Career Services sind zwar weit verbreitet, leiden jedoch häufig unter einer ungenügenden Ausstattung mit finanziellen und personellen Mitteln.

Die dauerhaft hohen Abbruch- und Schwundquoten an deutschen Hochschulen sorgen auch aktuell noch dafür, dass nur etwa ein Drittel der Studienanfänger tatsächlich einen Studienabschluss erlangt (OECD 2004). Insbesondere die Verbesserung der gegenseitigen Auswahl von Studienanfängern und Hochschulen gilt dabei als Erfolgsrezept, um die Abbruchquoten zu verringern. Internationale Beispiele wie Großbritannien zeigen, dass durch ein Zusammenspiel mehrerer Instrumente eine entsprechend niedrige Abbruchquote (17 %) erreicht werden kann: Bereits beim Hochschulzugang wird über individuelle Motivationsschreiben geprüft, inwieweit Hochschule und Studienanfänger zusammenpassen. Während des Studienverlaufs erhält der Studierende durch intensive Betreuungsangebote die notwendige Unterstützung, die er bei Studiengebühren in Höhe von ca. 1.700 € pro Semester erwarten darf.

Auch an deutschen Hochschulen wird dieser Gesamtzusammenhang immer wichtiger werden. Als Indikator für Lehr- und Forschungsqualität wird die Abbruchquote zukünftig noch stärker in die Zielvereinbarungen zwischen Land und Hochschulen eingehen, eine Erhöhung der Servicequalität ihres Lehr- und Forschungsangebots sollte daher auch im Interesse der Hochschulen liegen. Statt Einzelmaßnahmen gilt es, ein kohärentes Leistungsspektrum anzubieten, welches die Bedürfnisse unterschiedlicher Zielgruppen während des gesamten Studienverlaufs aufgreift und realisiert.

11. Unternehmen Hochschule 2006: Gesamtbewertung und Fazit

Für die abschließende Bewertung der unternehmerischen Potenziale derjenigen Hochschulen, die an der Studie teilgenommen haben, wurden die beschriebenen Indikatoren gleich gewichtet zusammengeführt. Dem Benchmark Unternehmen Hochschule liegt damit die Vorstellung einer Hochschule zugrunde, die

▶ durch Eröffnung alternativer Finanzierungsquellen mehr Unabhängigkeit und Leistungsfähigkeit erlangt,

▶ durch ein weitreichendes Serviceangebot die Zufriedenheit ihrer unterschiedlichen Kundengruppen erhöht,

▶ durch ein abgestimmtes Marketing eine strategische Zielgruppenansprache erreicht, besonders mit internationalem Fokus,

▶ durch ein professionelles Personalmanagement die Leistungsfähigkeit ihrer Mitarbeiter erhöht,

▶ durch ein umfassendes Qualitätsmanagement die Qualität der Abläufe und deren Output verbessert,

▶ durch die Feststellung der Wettbewerbssituation die eigene Strategie neu ausrichten kann.

Abbildung 30: Benchmark „Unternehmen Hochschule 2006" – Gesamtbewertung

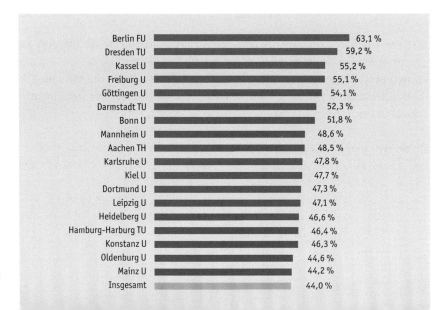

Berlin FU	63,1 %
Dresden TU	59,2 %
Kassel U	55,2 %
Freiburg U	55,1 %
Göttingen U	54,1 %
Darmstadt TU	52,3 %
Bonn U	51,8 %
Mannheim U	48,6 %
Aachen TH	48,5 %
Karlsruhe U	47,8 %
Kiel U	47,7 %
Dortmund U	47,3 %
Leipzig U	47,1 %
Heidelberg U	46,6 %
Hamburg-Harburg TU	46,4 %
Konstanz U	46,3 %
Oldenburg U	44,6 %
Mainz U	44,2 %
Insgesamt	44,0 %

Abbildung 30: Benchmark „Unternehmen Hochschule 2006" – Gesamtbewertung (Fortsetzung)

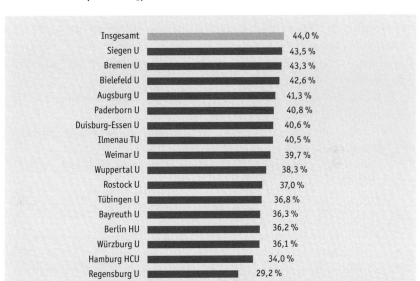

Insgesamt	44,0 %
Siegen U	43,5 %
Bremen U	43,3 %
Bielefeld U	42,6 %
Augsburg U	41,3 %
Paderborn U	40,8 %
Duisburg-Essen U	40,6 %
Ilmenau TU	40,5 %
Weimar U	39,7 %
Wuppertal U	38,3 %
Rostock U	37,0 %
Tübingen U	36,8 %
Bayreuth U	36,3 %
Berlin HU	36,2 %
Würzburg U	36,1 %
Hamburg HCU	34,0 %
Regensburg U	29,2 %
Heidelberg PH	18,5 %

Quelle: Prognos AG 2007

Die Gesamtbewertung zeigt, dass die Universitäten im Durchschnitt fast die Hälfte des Weges zum „Unternehmen Hochschule" zurückgelegt haben (Durchschnittswert 44 %). Dieser Wert impliziert jedoch zugleich, dass noch viel Bedarf an den Hochschulen besteht, durch unternehmerisches Denken und Handeln vorhandene Ressourcen und Potenziale optimal auszuschöpfen.

Mit der Freien Universität Berlin und der TU Dresden schneiden zwei Hochschulen bei der Bewertung ihrer unternehmerischen Potenziale besonders gut ab, die in eigener Initiative und mit außergewöhnlichem Engagement Sonderreglegungen mit dem Land erwirkt haben, die ihnen mehr Freiheit, aber auch Verantwortung im Selbstmanagement einräumen. Universitäten wie die RWTH Aachen oder die Universität Mannheim, die in Fach- und Forschungsrankings positiv bewertet werden, schneiden auch in der Bewertung ihrer unternehmerischen Potenziale überdurchschnittlich und in Einzelfeldern sogar hervorragend ab; sie sind aber in der Gesamtbewertung des unternehmerischen Potenzials nicht führend. Dies zeigt die Grenzen der Bewertung von Hochschulen als Unternehmen auf: Qualität in Forschung und Lehre können natürlich auch an Hochschulen exzellent sein, deren unternehmerische Qualitäten durchschnittlich sind. Ausreichende Finanzmittel oder eine herausragende bestehende Reputation sind wichtiges Kapital der Hochschulen. Je knapper jedoch die Ressourcen werden, die den Hochschulen zur Verfügung gestellt werden und je ausgeprägter der Wettbewerb zwischen den Hochschulen wird, desto bedeutsamer wird die optimale Nutzung aller vorhandenen Potenziale. Dies trifft insbesondere für kleinere, regionale Universitäten zu, die weder über eine lange Tradition noch über ein besonderes nationales oder internationales Renommee verfügen. Gerade deshalb ist es wichtig, Strategien aufzuzeigen, mit denen auch diese Hochschulen sich profilieren können.

Fazit:

Ein Unternehmen Hochschule ist kein Unternehmen. Ziel einer Hochschule war, ist und wird sein, die Kernaufgaben Forschung und Lehre erfolgreich wahrzunehmen. Dafür werden vom Staat die notwendigen Ressourcen zur Verfügung gestellt.

Ziel einer Hochschule ist nicht die Einnahme von Geld oder die Gewinnmaximierung. Erwirtschaftete und eingeworbene Mittel folgen keinem Selbstzweck und dienen nicht der Maximierung von Rendite. Dennoch erhält ein zielgerichtetes Finanzmanagement in Zeiten knapper Kassen eine wichtige Bedeutung und dient der Verbesserung vorhandener und der Schaffung neuer Angebote für Studierende, Mitarbeiter und Gesellschaft.

Ziel einer Hochschule ist nicht die ausschließliche Erzeugung unmittelbar verwertbarer „Produkte". Hochschulen sind nicht die Forschungs- und Entwicklungsabteilungen der deutschen Unternehmen. Die an Hochschulen entwickelten und angebotenen Produkte und Dienstleistungen können daher auch nicht ausschließlich nach ihrer wirtschaftlichen Verwertbarkeit beurteilt werden. Dennoch müssen sich Hochschulen die Frage nach der gesellschaftlichen Relevanz und Verwertbarkeit ihrer Produkte und Dienstleistungen gefallen lassen.

Insbesondere die Erhebung von Studiengebühren wird dazu führen, dass Studierende und ihre Eltern sich und die Verantwortlichen fragen, welchen Gegenwert sie für das Geld „kaufen". Dafür ist es vonseiten der Hochschulen notwendig, die Bewertungskriterien der eigenen „Kunden" zu kennen und Strategien zu entwickeln, wie diesen Erwartungen Genüge getan werden kann.

Die vorliegende Studie hatte das Ziel zu untersuchen, inwiefern die deutschen Hochschulen den Anforderungen an ein „Unternehmen Hochschule" entsprechen. Dazu wurden Kriterien für eine unternehmerische Hochschule aufgestellt und die Hochschulen zu ihrer Aufstellung in den Feldern Strategiebildung, Finanzmanagement, Marketing, Internationalisierung, Personalmanagement, Qualitätsmanagement und Serviceorientierung befragt. Die Ergebnisse der Befragung wurden zu Kennwerten zusammengeführt und mit einem „Idealmodell" verglichen.

Die Ansprüche an eine unternehmerische Hochschule sind umfangreich und komplex, und die unterschiedlichen Rahmenbedingungen in den Bundesländern führen dazu, dass die Erfassung vergleichbarer Indikatoren im Rahmen standardisierter Befragungen schnell an Grenzen stößt. Die vorliegende Studie erhebt daher nicht den Anspruch, alle denkbaren und möglichen Indikatoren für die Aufstellung der unternehmerischen Ausrichtung von Hochschulen erfasst zu haben.

Dennoch – so zeigt auch das Interesse an der vorliegenden Untersuchung – kann und will die Studie dabei unterstützen, einen vergleichenden Blick auf ausgewählte Merkmale deutscher Hochschulen zu werfen, um Hochschulen und Politik aufzuzeigen, wie unterschiedlich die Herangehensweisen einzelner Hochschulen sind und um eine Diskussion zu beginnen, welche Vor- und Nachteile mit diesen Herangehensweisen verbunden sind. Die Studie erhebt daher – anders als viele andere Rankings oder vergleichende Studien – nicht den Anspruch, die Hochschule als Ganzes zu bewerten, sondern analysiert lediglich einen Ausschnitt: die unternehmerische Aufstellung.

Im Ergebnis zeigt die Studie Unternehmen Hochschule 2006 einerseits, dass viele Hochschulen sich bereits deutlich von der Aufstellung einer Behörde oder Verwaltungseinrichtung verabschiedet haben und dem Leitbild einer unternehmerischen Hochschule folgen. Es zeigt sich aber auch, dass selbst diejenigen Hochschulen, die hier zu den Best Practices gezählt werden, noch weit von dem vorgegebenen Ideal eines Unternehmen Hochschule entfernt sind.

Die Ursachen hierfür liegen in
1) den derzeitigen gesetzlichen Rahmenbedingungen,
2) der fehlenden Verfügbarkeit frei verwendbarer Mittel sowie
3) fehlendem Personal/Selbstverständnis.

Modellversuche wie das TU Darmstadt Gesetz oder die Einführung der Stiftungshochschulen in Niedersachsen zeigen, dass alternative Steuerungsmodelle für Hochschulen erfolgreich implementiert werden können und die unternehmerische Aufstellung voranbringen. Die so beförderte Autonomie der Hochschulen benötigt auch finanzielle Spielräume, um neue Gestaltungsansätze entwickeln und umsetzen zu können.

Mittelfristige Finanzsicherheit fehlt jedoch: Bei vielen der vorgestellten Ansätze handelt es sich um Modellvorhaben oder einmalige Investitionen in Sonderprojekte. Zahlreiche Serviceangebote wie die Career-Center kämpfen jedes Jahr um die Verlängerung von Personalstellen. Erst wenn hier dauerhafte Strukturen etabliert werden, kann von nachhaltigen Änderungsprozessen an den Hochschulen gesprochen werden. Mit der Einführung der Gegenfinanzierung von administrativen Kosten der Projektverwaltung durch die DFG ist ein erster Schritt getan. Es bleibt abzuwarten, inwieweit diese Chancen von den Hochschulen ergriffen werden.

Um entsprechende Chancen zu ergreifen, ist es zunächst notwendig, diese überhaupt zu erkennen. An vielen Hochschulen fehlt Führungskräften und Personal – unabhängig von der Ebene – jedoch das dafür notwendige Selbstverständnis. Gerade diejenigen Hochschulen, die in der vorliegenden Studie als Best Practice ausgezeichnet werden, verfügen häufig über eine kreative und dynamische Hochschulleitung, die Freiräume in der bestehenden Gesetzgebung erkennt und ausnutzt und bereit ist, auch umstrittene Entscheidungen zu treffen.

Wettbewerbe wie die Exzellenzinitiative haben gezeigt, dass die Bereitstellung attraktiver Anreizstrukturen umfassende strategische Überlegungen an den Hochschulen auslösen kann und durch die intensive Zusammenarbeit der Mitarbeiter innerhalb kurzer Zeit umsetzbare Konzepte an den Hochschulen bereitgestellt werden können. Dieses Potenzial gilt es zu nutzen.

Die Politik hat somit die Aufgabe, die Hochschulen durch die Schaffung von weiteren Anreizen bei der unternehmerischen Aufstellung zu unterstützen. Dazu zählt auch die Unterstützung bei der regionalen und überregionalen Profilbildung.

Dabei sollten wettbewerbliche Elemente und dauerhafte Strukturänderungen in einem ausgewogenen Verhältnis zueinander stehen. Der Aufwand, sich in einem Wettbewerb zu behaupten, darf den Nutzen dieses Wettbewerbs nicht übersteigen.

12. Literatur (Auswahl)

Bundesministerium für Bildung und Forschung (Hrsg.) (2005). Studiensituation und studentische Orientierungen – 9. Studierendensurvey an Universitäten und Fachhochschulen, Bonn, Berlin.

Dettling, D. & Prechtel, C. (Hrsg.) (2004). Weißbuch Bildung – Für ein dynamisches Deutschland, Wiesbaden.

Ebcinoglu, F. (2006). Die Einführung allgemeiner Studiengebühren in Deutschland. Entwicklungsstand, Ähnlichkeiten und Unterschiede der Gebührenmodelle der Länder, Hannover: HIS.

Gall, B. & Killinger, S. (2004). Hochschulen als Unternehmen, in Dettling & Prechtl (2004), S. 51–60.

Gesetz zur organisatorischen Fortentwicklung der Technischen Universität Darmstadt (TUD-Gesetz) in der Fassung der Bekanntmachung vom 9. Dezember 2004 (GVBl. I S. 382).

Giebisch, P. & Langer, M. (2005). Erste Eindrücke zum Stand des Hochschulfundraising in Deutschland, Gütersloh: CHE.

Heublein, U., Schmelzer, R., Sommer, D. & Spangenberg, H. (2005). Studienabbruchstudie 2005, Hannover: HIS.

Heublein, U., Spangenberg, H. & Sommer, D. (2003). Ursachen des Studienabbruchs – Analysen 2002, Hannover: HIS.

Hochschulfreiheitsgesetz (HFG) vom 25. 10. 2006.

Hochschulrahmengesetz (HRG) in der Fassung der Bekanntmachung vom 19. Januar 1999 (BGBl. I S. 18), zuletzt geändert durch Artikel 1 des Gesetzes vom 8. August 2002 (BGBl. I S. 3138).

Hochschulrektorenkonferenz (Hrsg.) (2006). Von der Qualitätssicherung der Lehre zur Qualitätsentwicklung als Prinzip der Hochschulsteuerung, Bonn.

Hochschulrektorenkonferenz (1996). Zur Finanzierung der Hochschulen – Entschließung des 179. Plenums vom 9. Juli 1996, Bonn.

Hopbach, A. & Chalvet, V. (Hrsg.) (2005). Qualität messen – Qualität managen. Leistungsparameter in der Hochschulentwicklung, Bonn.

Leszczensky, M. & Orr, D. (2004). Staatliche Hochschulfinanzierung durch indikatorengestützte Mittelverteilung. Dokumentation und Analyse der Verfahren in 11 Bundesländern, Hannover: HIS.

Leszczensky, M. (2003). Paradigmenwechsel in der Hochschulfinanzierung, Hannover: HIS.

Meka, R. & Jochmann, W. (2006). Was können Hochschulen von Unternehmen lernen?, in: Stifterverband für die deutsche Wissenschaft (Hrsg.). Akademisches Personalmanagement, Essen, S. 10–15.

Michaelis, E. (2002). Zielvereinbarungen in Hochschulen: Eine Materialsammlung, Hannover: Eva-Net.

Müller-Böling, D. (2000). Die entfesselte Hochschule, Gütersloh.

Niedersächsisches Hochschulgesetz (NHG) in der Fassung der Bekanntmachung vom 24. Juni 2002 (Art. 1 des Gesetzes zur Hochschulreform in Niedersachsen, Nds. GVBl. S. 286 – VORIS 22210 –), zuletzt geändert durch Artikel 1 des Gesetzes vom 22. Januar 2004 (Nds. GVBl. S. 33).

Organisation für wirtschaftliche Zusammenarbeit und Entwicklung (OECD) (2004). Bildung auf einen Blick. OECD-Indikatoren 2004, Paris.

Schmidt, M. (2006). Ein Fall für Profis – Immer mehr deutsche Hochschulen lassen ihr Führungspersonal von externen Beratern suchen. Süddeutsche Zeitung vom 07.08.2006, Seite 16.

Statistisches Bundesamt (Hrsg.) (2003). Bericht zur finanziellen Lage der Hochschulen, Wiesbaden.

Statistisches Bundesamt (Hrsg.) (2003). Hochschulstandort Deutschland 2003, Wiesbaden.

Trogele, U. (1995). Strategisches Marketing für deutsche Universitäten. Die Anwendung von Marketing-Konzepten amerikanischer Hochschulen in deutschen Universitäten, Frankfurt/Main.

Voss, R. & Gruber, T. (2006). Hochschulmarketing, Köln.

Anhang

I. Fachgespräche

Bei den folgenden Expertinnen und Experten möchten wir uns für das Gespräch bedanken:

- Dr. Sabine Behrenbeck, Leiterin des Referats „Lehre, Studium und Wissenschaftlicher Nachwuchs" des Wissenschaftsrats
- Claudia Fink, Leiterin der Geschäftsstelle des Career Service Netzwerk Deutschland e. V.
- Tim Göbel, persönlicher Referent des Präsidenten, Zeppelin University
- Dr. Klaus Landfried, ehem. Präsident der HRK
- Christian Preiser, Leiter Unternehmenskommunikation der Societät für Unternehmensplanung
- Prof. Dr. Josef Schmid, Lehrstuhl für Politische Wirtschaftlehre und Vergleichende Politikfeldanalyse an der Universität Tübingen
- Dr. Ulrich Schmid, Geschäftsführer Multimedia Kontor GmbH, Zusammenschluss der Hamburger Hochschulen
- Dr. Wolfram Schüßler, Geschäftsführer des Zentrum für Wissenschaftsmanagement Speyer
- Andrea Syring, Leitung Berichtswesen und -systeme der FU Berlin
- Dr. Mathias Winde, Programmverantwortlicher „Deregulierte Hochschule" beim Stifterverband für die Deutsche Wissenschaft

Bei den folgenden Vertreterinnen und Vertretern der Universitäten möchten wir uns für das Gespräch bedanken:

Universität Augsburg:
- Dr. Gabriele Höfner, Leiterin Wissens- und Technologietransfer am Zentrum für Wissenschaftliche Weiterbildung
- Heidi Pongratz, IFRS Accountant am Zentrum für Wissenschaftliche Weiterbildung

Freie Universität Berlin:
- Prof. Dr. Dieter Lenzen, Präsident

Humboldt-Universität zu Berlin:
- Dr. Tim Stuchtey, Leiter Präsidialbereich
- Dirk Radzinski, Geschäftsführer Humboldt-Innovation GmbH

TU Darmstadt:
- Prof. Dr. Hanns Seidler, Kanzler
- Jörg Feuck, Leiter Pressestelle

TU Dresden:
- Prof. Dr. Hermann Kokenge, Rektor
- Prof. Dr. Peter Offermann, Vorstand TUDAG
- Reinhard Sturm, Geschäftsführer GWT-TUD GmbH
- Dr. Reinhard Kretzschmar, Geschäftsführer DIU
- Hannes Lehmann, Leiter Dezernat Forschungsförderung und Öffentlichkeitsarbeit

Universität Göttingen:
- Markus Hoppe, Vizepräsident
- Martin Krüssel, Leiter Personalentwickung

TU Ilmenau:
- Dr. Frank March, Direktor Referat Marketing und studentische Angelegenheiten

Universität Kassel:
- Prof. Dr. Rolf-Dieter Postlep, Präsident
- Dr. Florian Buch, Referat Entwicklungsplanung

Universität Konstanz:
- Prof. Dr. Brigitte Rockstroh, Prorektorin
- Markus Steinmayr, Koordinator Forschungszentrum für den wissenschaftlichen Nachwuchs

Universität Leipzig:
- Prof. Dr. Franz Häuser, Rektor

Universität Mainz:
▶ Prof. Dr. Jörg Michaelis, Präsident
▶ Dr. Uwe Schmidt, Geschäftsführer Zentrum für Qualitätssicherung und -entwicklung

Universität Mannheim:
▶ Prof. Dr. Martin Schader, Prorektor
▶ Prof. Dr. Dagmar Stahlberg, Prodekanin Sozialwissenschaft
▶ Dr. Ingo Bayer, Fakultätsgeschäftsführer BWL
▶ Prof. Dr. Konrad Stahl, Abteilungssprecher VWL
▶ Prof. Dr. Falk, Dekan Fakultät für Rechtswissenschaft und VWL
▶ Prof. Dr. Armin Heinzl, Geschäftsführer Mannheim Business School gGmbH
▶ Herr Bürkle, Präsidiumsmitglied Mannheim Business School gGmbH
▶ Prof. Dr. Hans Raffée, Vizepräsident AbsolventUM e. V.
▶ Colleen Sheedy, Geschäftsführerin AbsolventUM e. V.
▶ Achim Fischer, Leiter der Pressestelle
▶ Christian Kramberg, Geschäftsführer Summacum GmbH